5666.

ARCHITECTURE ROMANE

DU

MIDI DE LA FRANCE

Clave, imprimeur
S Benoit 7 à Paris

ARCHITECTURE

ROMANE

DU

MIDI DE LA FRANCE

DESSINÉE, MESURÉE ET DÉCRITE

PAR

HENRY REVOIL

ARCHITECTE DU GOUVERNEMENT

ATTACHÉ A LA COMMISSION DES MONUMENTS HISTORIQUES,

MEMBRE N. R. DU COMITÉ DES TRAVAUX HISTORIQUES,

MEMBRE HONORAIRE ET CORRESPONDANT DE L'INSTITUT ROYAL DES ARCHITECTES BRITANNIQUES

ET DE PLUSIEURS SOCIÉTÉS SAVANTES.

TOME TROISIÈME

PARIS

Vᵛᵉ A. MOREL & Cᶦᵉ, LIBRAIRES-ÉDITEURS

13. RUE BONAPARTE

M DCCC LXXIII

ARCHITECTURE ROMANE

DU MIDI DE LA FRANCE

ARCHITECTURE CIVILE

PORTES, PORTAILS, AUTELS, CLOCHERS

SCULPTURES ET PEINTURES MURALES

SAINT-MARTIN-DES-ARÈNES A NIMES (GARD)

Planche I.

A l'époque des invasions sarrasines dans le midi de la Gaule, les amphithéâtres romains furent convertis en cités fortifiées, & les populations des villes d'Arles & de Nîmes habitèrent, jusques au commencement de notre siècle, ces immenses enceintes qui avaient servi de refuge à leurs pères.

Il n'était pas sans intérêt de donner, dans ce recueil, un spécimen des constructions élevées dans ces monuments romains avec des matériaux arrachés aux maçonneries antiques.

Notre planche Ire de ce volume reproduit les restes de la chapelle de Saint-Martin-des-Arènes de Nîmes, bâtie en moellons smillés, & dont les fenêtres offrent des types curieux de l'architecture du xie siècle.

Dans son *Dictionnaire topographique du département du Gard*, M. E. Germer-Durand donne, sur cette construction parasite, les détails suivants :

« Cette église, dit-il, était située dans la galerie du premier étage de l'amphithéâtre
« romain de Nîmes, où l'on en retrouve encore les traces du côté du Palais de Justice. —
« Elle avait été donnée à Pierre Guy, abbé du monastère de Saint-Baudile, par la vicomtesse
« Ermengarde & par Bernard-Athon, son fils. — Elle passa, avec ce monastère, à l'abbaye

« de la Chaise-Dieu, qui la céda, le 6 janvier de l'an 1100, à Raymond, évêque de
« Nîmes (1). »

Cette chapelle existait donc à la fin du xi⁰ siècle : peut-être la colonne torse & son
chapiteau, ornant une de ses fenêtres, ne sont-ils qu'une addition postérieure.

La conservation de ces constructions chrétiennes, qui forment une sorte de cloison à
deux arcades de l'amphithéâtre romain de Nîmes, est assurée par une restauration
récente, ordonnée par la Commission des monuments historiques.

MAISON ROMANE A NIMES

Planches II, III & IV.

A l'entrée d'une rue aboutissant à la place de la Cathédrale de Nîmes se trouvent les
restes intéressants d'une construction du xiiᵉ siècle, dont les corniches, formant impostes
& soutenant les arcatures de fenêtres à meneaux, sont ornées de sculptures d'une exécution
remarquable. Entre ces arcatures se trouvaient des rosaces aux motifs variés & qui sont
aujourd'hui disséminées dans la façade.

Tous ces détails sont reproduits dans les planches II, III & IV de ce volume.

Quelle fut la destination de cette maison? Selon les uns, ce serait une simple construction civile; selon d'autres, elle aurait dépendu du prieuré de Sainte-Eugénie, dont mention
est déjà faite en l'an 956, dans le cartulaire de Notre-Dame de Nîmes (2).

MAISON ROMANE DE SAINT-GILLES (GARD)

Planches V & VI.

Saint-Gilles possède deux maisons appartenant à la période romane : l'une située près
de son hôtel de ville, l'autre presque en face le riche portail de son église. Celle-ci, attribuée
à la famille du pape Clément IV, fut, dit-on, témoin de la naissance de ce pontife. Le style
de son architecture (planche V), dénotant la fin du xiiᵉ siècle, ajoute à la vraisemblance
de cette tradition locale (3).

Deux étages surmontent un rez-de-chaussée très-élevé; ce rez-de-chaussée est percé
d'une grande ouverture centrale & de deux ouvertures latérales très-étroites; les piles,

---

(1) Ménard, *Histoire du Languedoc,* tome II, première colonne, page 352 & tome VII, p. 179.

(2) Voir: *Dictionnaire topographique du Gard,* par E. Germer-Durand, page 203.

(3) M. de Lamothe, archiviste du Gard, a publié sur l'origine de cette maison & sur le pape Clément IV les documents
les plus curieux.

placées entre ces intervalles, sont couronnées par un profil comme des pilastres. De grands linteaux reposent sur ces piliers, & recouvrent ces trois ouvertures. Chacun de ces linteaux est surmonté par un arc de décharge en pierre de taille, destiné à soulager ces monolithes du poids des étages supérieurs. Sur un cordon moulé & orné d'une sorte de frise, représentant des imbrications en losange, reposent les quatre fenêtres du premier étage. Une colonnette, avec base & chapiteau sculpté, sert de meneau à chacune de ces baies; sur le chapiteau de cette colonnette reposent des linteaux droits et accouplés; sur deux de ces linteaux, dans l'épaisseur de la pierre, sont dessinés des trilobes dont les centres sont ornés de rosaces variées; sur les deux côtés sont tracés de simples cercles figurant les archivoltes.

Cette dernière décoration est reproduite dans la disposition identique des quatre baies du deuxième étage.

Telle est l'ordonnance architecturale de cette intéressante construction.

Les quelques chapiteaux anciens de cette façade sont d'une sculpture élégante; leurs enroulements & feuilles appartiennent à l'école des artistes qui ont décoré le portail de Saint-Trophime, & l'un de ces chapiteaux semblerait même reproduire un type pareil, placé à l'angle droit de ce frontispice.

La distribution intérieure de cette maison a été si souvent bouleversée, qu'il est difficile de dire aujourd'hui ce qu'elle était lorsqu'elle abrita la naissance du pontife Clément IV. Une cheminée, placée au deuxième étage, mérite seule de fixer l'attention des visiteurs. Son manteau conique repose sur une sorte de couronne appareillée avec une clef. Cette couronne elle-même est soutenue par deux consoles, encastrées dans le mur contre lequel est adossé le foyer. On retrouve fréquemment cette disposition dans les miniatures des xiie & xiiie siècles.

Nous donnons sur notre planche VI le dessin de cette cheminée &, en regard, celui d'une autre presque semblable de forme, mais plus ornée, qu'on voit à l'abbaye de Sénanque, & dont le couronnement s'élève au-dessus de la toiture des bâtiments claustraux.

La maison romane de Saint-Gilles, précieux modèle de l'architecture civile au moyen âge, fut signalée pour la première fois à l'attention des archéologues par M. Mérimée (1); sa conservation est assurée par des travaux importants de restauration, entrepris sous la direction de la Commission des monuments historiques.

CHATEAU DE SIMIANE (BASSES-ALPES)

Planches VII, VIII, IX, X.

Le monument que nous allons décrire, situé à Simiane, village des Basses-Alpes, est un de ceux dont la destination est encore problématique Par sa forme, il

(1) *Note d'un voyage dans le midi de la France.*

ressemblerait à une de ces grandes salles en rotonde, cuisines de nos anciennes abbayes qui ont passé longtemps pour des chapelles funéraires.

La richesse de la porte de cet édifice semble protester contre la supposition de quelques archéologues lui assignant, à cause d'une certaine ressemblance comme plan et comme ordonnance architecturale, la destination de la rotonde de Fontevrault : il serait plus vraisemblable de la considérer comme le donjon du château primitif des seigneurs de Simiane.

Le plan de ce monument est un dodécagone irrégulier; ainsi que l'indique la coupe transversale, figurée dans la planche VIII de ce volume, cette salle était divisée en deux étages; un plancher s'appuyant sur un pilier, placé au centre de la partie inférieure, devait les séparer & former le sol correspondant au palier de l'escalier, construit en avant & sous la porte monumentale donnant accès à cet étage supérieur. (Voir planches VII & IX.)

Des arcatures reposant sur des colonnes engagées encadrent onze niches carrées & l'évasement de la porte. La voûte, calotte semi-elliptique, est divisée en douze sections par des arcs-doubleaux reposant sur une colonne engagée, sur l'axe de chaque pilier, & se continuant par une partie droite en ressautant sur un cordon qui ceinture ces arcs-doubleaux à la naissance de leur partie courbe. (Voir planche IX.) Ces arcs s'amortissent sur des figures grimaçantes, très-habilement rendues, & qui s'ajustent sur le chapiteau de la colonne engagée; ils viennent finir au centre de cette coupole contre une couronne moulurée, encadrant la pénétration d'une sorte de tuyau central. Ce tuyau servait-il à donner du jour ou à l'échappement de la fumée?

Deux fenêtres pratiquées dans la voûte avec de longs glissoirs éclairent cette salle. Dans l'état de ruine où se trouve sa couverture, il est difficile de se prononcer sur la destination des escaliers qui serpentent sur l'extrados de la voûte; il est cependant permis de supposer qu'ils conduisaient sur une plate-forme.

La sculpture des chapiteaux des colonnes intérieures (planche X & planche IX) & de celles de la porte, quoique très-simple, ne manque pas d'une certaine élégance. Les profils, en général, sont fermes & s'harmonisent avec les formes sévères de ce monument (1).

PROFILS & ARCHIVOLTES

Planche XI.

Les maîtres ès pierre de l'époque romane ont presque tous apporté un grand soin à l'étude de leurs profils. Avaient-ils, par exemple, à décorer l'archivolte d'une porte, s'inspirant des traditions antiques, ils la séparaient du mur lisse dans laquelle elle était percée par un premier membre de moulures; puis venait une sorte de frise quelquefois ornée, le plus

(1) Voir : *Antiquités des Basses-Alpes*, par P.-J.-M. Henry, Digne, 1842, & *Géographie historique & biographique des Basses-Alpes*, par J.-J.-M. Feraud, Digne, 1849.

souvent unie; & enfin un tore isolé ou accompagné d'une autre ornementation formait chanfrein sur l'arête intérieure & sur le jambage de cette ouverture. Quelquefois aussi les profils se groupaient plus serrés; mais cette profusion est loin de produire un ensemble aussi correct que la première de ces dispositions.

Le *filet,* la *baguette,* la *doucine,* le *cavé,* la *cannelure,* demi-circulaire ou méplate, sont les profils les plus usités pendant la période qui a précédé le xiiie siècle. Le *talon* antique ne se voit guère dans la composition des corps de moulures qu'à l'époque carlovingienne : il en est même un des signes distinctifs, dans les archivoltes principalement.

Nous avons relevé dans les cloîtres de Montmajour, de Saint-Trophime, de Saint-Paul-de-Mausole & sur la porte d'une maison à Marguerittes, près Nîmes (Gard), les divers détails qui composent notre planche XI; & nous renvoyons notre lecteur à la planche LXV de ce volume, figurant l'archivolte d'une porte du cloître de Saint-Victor, à Marseille; il jugera par ce spécimen avec quelle richesse d'ornementation étaient décorés quelquefois ces couronnements circulaires des entrées de nos grandes abbayes.

CORNICHES

Planches XII, XIII & XV.

Dans la composition des corniches extérieures des absides & des nefs, les architectes des ixe, xe, xie, xiie siècles ont successivement apporté des variantes sensibles & une ornementation très-distincte.

Les maîtres ès pierre carlovingiens copièrent presque l'ordonnance antique, ainsi que le démontrent les corniches extérieures de Vaison & de Cavaillon (volume II, planche XXVI); elle comprenait l'architrave, la frise sculptée avec rinceaux (volume III, planche XVII), & enfin la corniche ornée d'oves, de raies-de-cœur, de modillons, de canaux.

Dans la partie centrale de notre planche XII se trouvent dessinés deux détails de la corniche de l'église de Sainte-Madeleine, à Béziers, imitation de l'antique très-prononcée que nous attribuons au xie siècle. Il convient de remarquer ici l'antéfixe terminant l'arêtier de pierre de la couverture de cette abside (1).

A gauche, dans la partie supérieure de la même planche, nous donnons un fragment de la corniche, portant cheneau, du bas côté droit de l'église de Noves (Bouches-du-Rhône); à droite, en pendant, un détail semblable appartenant à la chapelle de Saint-Julien, près de Bagnols (Gard). Au-dessous est dessinée une corniche intérieure de Sainte-Aphrodise de

(1) Voir : *Dictionnaire raisonné d'Architecture,* tome IX, page 333.

Béziers. Les deux autres détails proviennent du prieuré de Saint-Vincent de Broussan (commune de Bellegarde, près de Nîmes) (1).

La planche XIII représente un parallèle intéressant des corniches de l'église de Vaison & de celles de l'église de Saint-Trophime. Nous croyons devoir rappeler ici ce que nous disions dans notre monographie du premier de ces édifices (2). Nous attribuons au commencement du XIᵉ siècle cette corniche du côté gauche de sa nef, en la considérant comme copiée sur celle de la chapelle de Sainte-Croix de Montmajour, dont on introduisit, selon nous, les détails dans les restaurations des édifices de nos contrées méridionales.

Il est encore moins étonnant de voir la corniche de l'église de Saint-Trophime ressembler à ce type élégant, puisque Montmajour est presque aux portes de la ville d'Arles.

Sur la planche XV sont figurés quatre bandeaux, provenant des nefs carlovingiennes des églises de Bonnieux (Vaucluse) & de Saint-Sauveur d'Aix. Nous reviendrons, en traitant de la sculpture en général, sur cette ornementation d'un faire spécial aux IXᵉ & Xᵉ siècles : époques auxquelles appartient également la colonne cantonnée & surmontée de son chapiteau cubique de l'abside de l'église de Saignon (Vaucluse).

L'autre colonne, gravée sur la même planche, est une de celles qui décorent l'abside de la chapelle placée en tête du pont de Saint-Bénézet à Avignon.

CRÉDENCE-PISCINE

Planche XIV.

Les exemples de crédence dans nos églises romanes sont assez rares. Dans quelques-uns de ces édifices, elles se composent d'une simple tablette reposant sur une colonnette : tablette & colonnette sont percées pour servir de piscine. A l'abbaye de Sénanque dans les petites absides, il en existe plusieurs en place. L'abbaye de Saint-Pons-de-Gémenos (Bouches-du-Rhône) (3) possède un des types les plus curieux & les plus complets de ces annexes de l'autel.

Ce sont deux niches carrées accouplées, couronnées chacune par une archivolte. Dans l'une d'elles est encastrée une tablette dont le rebord est supporté par trois consoles aux profils élégants, & dans l'appui de l'autre sont taillées deux cavités circulaires, chacune avec un petit canal d'écoulement pour les eaux d'ablution qu'on y versait. Sur un petit bandeau, en saillie sur le fond de la niche, devaient se déposer les linges sacrés qu'on lavait dans cette piscine.

---

(1) Voir : *Dictionnaire topographique du Gard*, par E. Germer-Durand, Paris, 1868.

(2) *Architecture romane*, tome II, texte, pages 21 & 27.

(3) Voir : *Cartulaire de l'abbaye de Saint-Victor*, tome II. — *Dictionnaire géographique*, page 92. (*Ecclesia sancti Poncii Geminis.*)

PORTES, PORTAILS, PORCHES

Un grand arc plein cintre, sorte d'arc triomphal, forme le motif principal de l'ordonnance des portes & portails de nos églises romanes.

A l'époque carlovingienne cet arc, en saillie sur le mur ou formant porche, surmonte la porte entière avec son fronton triangulaire, reposant sur des colonnes engagées, comme à Saint-Gabriel, à Notre-Dame-des-Doms & à Pernes (Vaucluse). — Plus tard, cette saillie disparaît, & cet arc plein cintre se relie au groupe d'archivoltes qui composent ces motifs d'entrée.

Les exemples variés que nous reproduisons & que nous allons décrire sont les spécimens les plus importants pris sur les monuments religieux de la Provence, du Comtat, du Languedoc & du Dauphiné.

PORTAIL DE L'ÉGLISE DES BAUX (BOUCHES-DU-RHONE)

Planche XVI.

Bâtie sur un des rochers les plus élevés de la chaîne des Alpines, le village des Baux, autrefois cité puissante, ne présente aujourd'hui que des ruines, amoncelées au milieu d'habitations modernes.

Son église seule, remaniée à plusieurs époques, est vraiment intéressante; son portail prouve que son premier architecte était un véritable artiste. — Dans sa simplicité, il est en effet remarquable par l'élégance & la proportion de ses profils & de ses chanfreins, formés par de petites colonnettes engagées aux deux tiers.

Les colonnes qui ornaient cette porte ont disparu; nous les avons rétablies, dans notre dessin d'ensemble, à leur place primitive. La console, qui complète cette planche, appartient à la nef de cette église; elle se relie au cordon placé à la naissance de sa voûte.

PORTE DE NOTRE-DAME DES ALISCAMPS

PRÈS D'ARLES (BOUCHES-DU-RHONE)

Planche XIX.

Cette porte, dont le meneau central n'existe plus, était l'entrée principale de la grande nef de cette église, dont les premières travées ont été détruites. Elle est surtout remar-

quable par ses proportions & par l'élégance des moulures qui décorent ses archivoltes, dont
notre planche XIX donne les détails sur une grande échelle.

ARC A L'ENTRÉE DES ALISCAMPS D'ARLES

Planche XX.

Cet arc isolé, placé à l'entrée des Champs-Élysées chrétiens de la ville d'Arles, attire
justement l'attention de ceux qui viennent se promener dans cette grande allée, bordée de
sarcophages & de chapelles sépulcrales.

Quelle était la destination de cet arc ? Un archéologue arlésien (1), écrivain distingué
& érudit, qui a donné de cet antique séjour de la mort la description la plus complète & la
plus intéressante, s'exprime ainsi au sujet de ce monument :

« Un arceau à plein cintre, érigé sur le chemin d'Arles à Saint-Honorat, ouvre l'avenue
« de cette série de temples chrétiens. Suivant une ancienne tradition, cet arc serait la
« principale porte d'une abbaye construite par saint Césaire, dans les premières années du
« vi⁰ siècle. Mais ni la coupe des murs ni les ornements ne sont de cette époque; & d'ailleurs,
« je crois pouvoir assurer que le monastère de Saint-Césaire n'a jamais été là.

« En l'année 506, ce saint archevêque avait commencé la construction d'une abbaye de
« femmes dans les Champs-Élysées. Les travaux n'étaient pas terminés quand la ville fut
« attaquée par les Francs, commandés par Clovis. Durant le siége, l'armée ennemie détruisit
« le monastère, dont les murs gênaient ses opérations. Quand les Francs se furent retirés,
« saint Césaire reprit son ancien projet. Toutefois, instruit par l'expérience du danger qu'il
« y aurait à laisser un établissement de femmes hors des murs de la ville, c'est dans son
« enceinte qu'il l'établit cette fois. Le lieu choisi par lui porte, de nos jours, le nom de Grand-
« Couvent. On avait longtemps cru, sur la foi de quelques historiens, que ce monastère
« avait été réédifié sur l'emplacement de celui qu'avaient miné les Francs..... Mais,..... je ne
« puis me résoudre à admettre une tradition qui me semble s'éloigner des documents de
« l'histoire, aussi bien que des indications fournies par le caractère architectonique du
« monument attribué à saint Césaire.

« Cette édification est évidemment postérieure au viii⁰ siècle. L'ornementation de
« l'arceau ne laisse guère de doute sur ce point. On sait que, dans le système des
« compositions byzantines, l'emploi des ornements emprunté au règne végétal a précédé
« celui qui mit à contribution l'espèce humaine pour en répandre les traits sur les
« édifices. Or la face humaine est employée à décorer l'arceau dont nous parlons. Aux
« deux extrémités de la baguette qui coupe l'archivolte, apparaît une tête d'homme ,
« regardant en face, & qui n'est là qu'à titre d'ornement. Un pareil système n'était pas en

(1) Voir : Honoré Clair, *les Monuments d'Arles antique & moderne*, 1837, pages 156, 157 & 158.

« usage au temps de saint Césaire. La courbure de l'arc n'est pas non plus de cette
« époque; elle affecte le fer à cheval, & par là révèle un caractère sarrasin qui ne saurait
« remonter au delà de l'invasion des Maures.

   « Il n'est pas probable non plus que l'arceau ait jamais été disposé pour recevoir une
« fermeture, & il suffit de le regarder avec attention pour en être convaincu : aucune trace
« de scellement, aucun point d'attache à des murs latéraux. Ce n'est point là une baie de
« porte destinée à être fermée, mais l'entrée monumentale d'un cimetière, destinée à rester
« incessamment ouverte. Ce serait donc, à mon avis, la principale issue des Aliscamps.
« En effet, c'est à partir de ce point qu'apparaissent des tombeaux. Il n'en existe aucun
« en deçà. On y voit bien deux ou trois couvercles; mais il est évident qu'ils ont été
« déplacés & transportés là après la violation du cimetière. Nous aimons à suivre cette
« idée qui précise la destination du portail & sert à expliquer en outre la présence
« d'une chapelle qui touche à cette porte & dont la construction est en dehors de la
« nécropole. »

   M. H. Clair rapporte ensuite que cette chapelle, dédiée à saint Accurse, fut élevée
en 1520 en dehors de l'enceinte sacrée du cimetière, parce qu'elle renfermait les restes d'un
gentilhomme arlésien, tué dans un duel. Son adversaire, en expiation de ce meurtre, la
fit construire à ses frais & y fonda des messes perpétuelles pour le repos de l'âme du
défunt. Puis il ajoute :

   « L'arceau, auquel la chapelle est adossée & qui, selon nous, aurait servi d'entrée au
« cimetière, se rattache au style gothique primitif. Le x1e siècle paraît être l'époque de sa
« construction. Les ornements de l'archivolte, ainsi que le cintre de la voûte, sont de ce
« temps. Le ton de la pierre, chaud & doré, révèle la durée des insolations qui l'ont
« empreint de la teinte solaire. Sous sa profondeur se cache un tombeau qu'on dit être
« celui du malheureux duelliste dont nous avons parlé. Il est surmonté d'un tympan dans
« l'aire duquel sont sculptés un écusson & des armes. Autant que leur état de dégradation
« permet d'en juger, ces armes auraient appartenu à la famille de Latour. . . . .
« . . . . »

   A cause de ses profils & de son ornementation, il conviendrait mieux d'assigner à
ce monument le commencement du xiie siècle comme date de sa construction.

PORTE DE L'ÉGLISE SAINT-MICHEL DE SALON

(BOUCHES-DU-RHONE)

Planche XXI.

Millin, à son passage à Salon, s'était arrêté devant la curieuse porte de l'église de cette
ville dédiée à saint Michel; il voulut la faire figurer dans son recueil, à cause de la singularité

de son ornementation. Au point de vue iconographique, cette entrée, dont un meneau devait diviser le vide en deux parties, est en effet intéressante. Au centre & au sommet de son tympan circulaire l'archange Michel, s'appuyant de ses deux mains sur son épée, écrase le serpent avec ses pieds. Au-dessous, dans la clef à crossette du linteau, est sculpté l'agneau pascal avec sa croix flanquée de deux rosaces. A droite & à gauche, dans des parties rectangulaires, sont groupées des rosaces & des feuilles en fer de lance.

On attribue la fondation de cette église aux Templiers; mais rien ne justifie cette assertion, qui ne repose que sur la présence de l'agneau crucifère.

Par ses profils, par le type & le faire de sa sculpture, cette porte nous paraît appartenir au commencement du XIIᵉ siècle.

PORTE DE L'ÉGLISE DE SAINT-PONS (HÉRAULT)

Planche XXII.

L'église de Saint-Pons fut originairement une abbaye de l'ordre de Saint-Benoît, fondée en 936 (1) par Raymond Pons, comte de Toulouse. L'extérieur de cet édifice présente encore quelques traces de son ordonnance primitive. Son grand portail, reproduit dans la planche XXII, paraîtrait appartenir par ses moulures & par son ornementation à la fin du XIᵉ siècle.

Ce portail se compose de trois ouvertures avec piliers en ressauts & colonnes cantonnées supportant des archivoltes.

Le tympan de l'entrée principale est orné de deux arcades se réunissant & reposant sur un meneau. Les deux tympans circulaires de ces deux arcades représentent : l'un la *Cène,* l'autre le *Crucifiement.* Ce dernier sujet est remarquable au point de vue iconographique. Le Christ est placé entre les deux larrons; le diable est au pied de la croix du mauvais; un ange est au pied de celle du bon. La sainte Vierge se tient debout près de la croix de Jésus, dont le soldat perce le flanc avec sa lance.

Une particularité se fait observer dans l'autre tympan. Jésus est assis au milieu des Apôtres, & au-dessus de la Cène est figuré son buste dans un nimbe supporté par quatre anges.

L'ornementation des abaques, seul indice des colonnes qui décorent ce portail, est extrêmement fine; quelques-uns ont une grande analogie comme faire & comme dessin avec les abaques sculptés conservés au musée de Toulouse & reproduits dans la planche LIII de ce volume.

La restauration de ce portail ne consistant qu'à remettre en place les colonnes dont il est aujourd'hui privé, nous n'avons pas hésité à rétablir de la sorte son aspect primitif.

_____

(1) *Dictionnaire topographique de l'Hérault,* page 194.

Cette disposition de trois portes reliées entre elles par une décoration architecturale est assez rare dans le midi de la France.

L'église de Saint-Pons nous en donne un exemple très-simple, tandis que le portail de Saint-Gilles, établi sur une donnée semblable, en est le développement le plus riche & le plus monumental.

PORTE DE L'ÉGLISE DU SAUVEUR D'AIX

Planche XXIII.

Dans notre appendice, nous attribuons d'une manière incontestable au ixᵉ siècle l'origine de l'oratoire d'Aix, auquel appartient la porte placée à l'extrémité de sa nef & figurée sur notre planche XXIII.

Deux colonnes cannelées, engagées & reliées par une corniche que devait surmonter un fronton ; dans cet encadrement une archivolte, reposant sur deux colonnes isolées & décorée de moulures & de sculptures presque antiques : telle est l'ordonnance de ce précieux spécimen d'architecture carlovingienne, dont les portes de Saint-Gabriel, de Notre-Dame-des-Doms & de Pernes nous offrent des types analogues & du plus grand intérêt pour l'étude de l'architecture de cette époque, peu connue de nos jours encore.

Sur les appareils de cette porte on découvre des tailles *en fougères* & d'autres *en pointillés*, formant des dessins variés que notre gravure reproduit comme exemple, avec une fidélité scrupuleuse (1).

PORTAIL DE SAINTE-MARTHE, A TARASCON

(BOUCHES DU RHONE)

Planches XXIV, XXV, XXVI, XXVII & XL.

Après le portail de Saint-Trophime, celui de Sainte-Marthe de Tarascon est le plus important & le plus riche de nos contrées méridionales. Placée sur le bas côté sud de cette église, cette entrée monumentale n'offre plus aujourd'hui cependant qu'un spectacle incomplet ; son ornementation seule est bien conservée ; tous les bas-reliefs & figurines

---

(1) Dans notre appendice (page 5), nous exprimions le regret qu'un badigeon épais nous eût empêché de découvrir dans cet édifice des marques de tâcherons. Depuis cette époque, une restauration de son intérieur, opérée sous notre direction par ordre de M. le Ministre des Cultes, nous a permis de recueillir les caractères les plus beaux et les plus complets ; ces découvertes aussi importantes que curieuses seront données dans la publication prochaine de notre *Mission relative aux Monuments français antérieurs au* ixᵉ *siècle.*

qui la décoraient ont été complétement rasés en 1793, on n'en voit plus que les amorces dans le tympan & dans la frise à ressauts, placée de chaque côté entre les colonnes & les archivoltes qu'elles supportent.

L'apostolat de Sainte-Marthe formait le sujet principal de cette grande page d'iconographie chrétienne, ainsi qu'il résulte de la description qu'on va lire, & qui est extraite de documents précieux recueillis pendant la Révolution par M. Mouren, habitant de Tarascon, connu par son zèle à conserver les monuments de son pays (1).

« Au milieu du tympan de la voussure, on voyait Jésus-Christ assis dans un trône, « comme saint Jean le dépeint au livre de l'Apocalypse; & tout autour du trône, les « quatre évangélistes désignés par les figures symboliques des quatre animaux mystérieux. « Ces types, assez fréquemment employés à l'entrée des églises, étaient ici remarquables par « une grande simplicité d'expression. Chacun des animaux était posé sur une console en « saillie. Saint Mathieu, à droite, sous la figure d'un homme, tenait son Évangile par un « cordon & semblait l'offrir à Jésus-Christ; à l'autre côté, un oiseau, figure de saint Jean, « tenait l'Évangile suspendu de la même manière à son bec, & enfin au-dessous des deux « précédentes figures, on voyait les types de saint Marc & de saint Luc exprimés par un « lion & un bœuf ailés.

« Au-dessous du tympan était un grand bas-relief représentant l'entrée triomphale de « Jésus-Christ à Jérusalem, à peu près comme on la voit figurée sur plusieurs anciens sarco- « phages. En avant des apôtres & des autres Juifs paraissait le Sauveur, monté sur l'ânesse, « figure de la nation juive, & suivi du poulain, type des gentils. Mais une circonstance « assez digne d'attention, c'est que, tandis que plusieurs Juifs étaient représentés étendant des « vêtements ou jetant des rameaux sur le chemin, un autre, placé à côté du Sauveur, tenait à « la main un parasol pour l'ombrager; type qu'on ne trouve peut-être nulle part ailleurs dans « les monuments chrétiens. Il paraît être emprunté des mœurs des Orientaux, & spécia- « lement des usages de la Perse. Dans les masures de l'ancienne Persépolis on voit encore « une figure, probablement celle de quelque roi, suivie de deux hommes, dont l'un soutient « un grand parasol sur la tête du prince, tandis que l'autre semble chasser les mouches avec « une espèce de palme, ou avec quelques plumes qu'il tient à la main.

« Au côté gauche, en entrant sous la voussure, on voyait représentée la résurrection de « Lazare &, sur les faces des angles saillants & rentrants de l'intérieur du portail, une suite « de figures qui désignaient les Juifs présents à cet événement. Au côté opposé du portail, « était figurée la victoire de sainte Marthe sur le dragon, appelé vulgairement la Tarasque. « La sainte, plus élevée que les autres personnages, était placée dans une petite niche, dont « on voit encore le couronnement. Elle tenait à la main gauche une croix double, qui paraît « avoir été l'origine de celle des hospitaliers de l'ordre du Saint-Esprit, comme nous le dirons « bientôt. Dans les angles saillants & rentrants, de ce côté, étaient figurés les habitants de la

---

(1) Voir à la bibliothèque de Tarascon le tome IX des *Mélanges,* par Mouren; & *Monuments inédits sur l'apostolat de sainte Marie-Madeleine en Provence,* par l'abbé Faillon, tome I, page 1203 à 1208, pour ce qui concerne les documents de cette description.

« ville, portant chacun quelque armure ancienne, & se dirigeant vers le monstre pour le
« mettre en pièces. »

Au côté gauche de ce portail est incrustée une inscription des plus curieuses, surmontée
d'un petit bas-relief, encadrée par une archivolte aplatie, & reposant à chaque extrémité sur
une colonne.

Sur le premier plan est figuré le corps de sainte Marthe, couché sur une sorte de sarcophage ; à ses pieds le Christ debout la regarde. — Près de sa tête, debout également, saint Front,
évêque de Périgueux. — La figure, placée en arrière du sépulcre, tenant à la main une crosse,
serait probablement celle de Pierre Isnardi, archevêque d'Arles, ou peut-être celle de Rostang
de Marguerittes, archevêque d'Avignon, qui comptait aussi Tarascon parmi les villes placées
sous sa juridiction épiscopale.

C'est assurément l'un de ces deux évêques qui reconnaît l'authenticité des reliques de la
sainte.

Voici le texte de l'inscription gravée au-dessous de ce bas-relief :

VIGINT : NOVIES : SEPTE : CV : MILLE : RELAPSIS : ANO : POSTREMO :

NOBIS : PATET : OSPITA : XPI : MILLE : DVCENTIS : TRASACTIS :

MINVS : AT : TRIBVS : ANNIS : IMBERTVS : PRESVL : ROSTAGNO : PRESULE

SECVM : IN PRIMA : IVNII : CONSECRAT : ECCLESIAM .

Cette date de 1187, époque de l'invention des reliques de la patronne de cette église,
nous paraît être également celle de la construction de ce portail, qui aurait été élevé en
l'honneur de cette invention.

C'est ainsi que l'église Saint-Trophime, d'Arles, fut embellie de son superbe portail à
l'époque de la translation des reliques de ce saint évêque, de l'église Saint-Honorat dans la
métropole, placée jusqu'à ce moment sous le vocable de saint Étienne.

Il ne reste aujourd'hui de l'édifice consacré par Rostang que ce portail, les bases & les
faisceaux de colonnes de l'église actuelle, dont les chapiteaux & la voûte remontent à une
époque plus rapprochée de nous.

Les grands détails reproduits dans ce recueil, avec l'ensemble de ce portail, nous
dispensent de toute autre description. Signalons seulement la similitude du style & du faire
de cette sculpture avec celle de la porte de Saint-Paul-Trois-Châteaux. — Ces deux monuments appartiennent à la fin du XIIe siècle, à cette belle époque de notre architecture
romane.

Une partie du porche de cette église, dont nous donnons divers détails (planche XL), est
très-ancienne ; elle appartient aux constructions du premier temple chrétien, dédié à sainte
Marthe dès le IXe siècle & qui fut transformé, à diverses époques, par des additions nombreuses.

La partie intérieure, que nous avons relevée, est une décoration de la fin du XIIe siècle,
entée dans cet abri qui conduit à la crypte, où se trouve le tombeau de la sainte patronne de la
ville de Tarascon.

III.

4

PORTE, PORCHE ET DÉTAILS

DE L'ÉGLISE DE SAINT-PAUL-TROIS-CHATEAUX (DROME)

Planches XXX, XXXI, XXXII, XXXIII & XXXIV.

L'église de Saint-Paul-Trois-Châteaux est un des monuments les plus curieux de nos contrées. Son ordonnance architecturale, ses détails, soit comme moulures, soit comme sculpture, ajoutent à l'intérêt archéologique de cet édifice, construit à deux époques bien distinctes. L'abside & les transepts appartiendraient à la fin du ix⁰ ou au x⁰ siècle, & la partie antérieure de la nef au xii⁰ siècle.

Il y a surtout trois parties importantes à étudier dans ce monument : la porte de la grande nef, le porche latéral, & enfin la décoration intérieure & extérieure de la première travée de cette nef, se rattachant au transept.

Cette porte se compose d'une archivolte couverte d'ornements & de têtes, & se perdant, de chaque côté, derrière des lions ailés qui reposent sur des pilastres, dont les chapiteaux rappellent le dorique pompéien (planche XXX); deux colonnes cannelées, engagées à moitié dans le mur de façade, semblent indiquer que cette porte a été encastrée dans une construction antérieure. La sculpture de l'ornementation de cette archivolte, feuilles ou figures, est large, d'un dessin correct; comme style, elle se rattache à l'époque où fut sculptée la façade de Saint-Gilles (planche XXXIII).

La première travée de l'église de Saint-Paul est extrêmement remarquable à l'intérieur comme à l'extérieur; les grands détails des planches XXXII & XXXIII dispensent de toute description. Il convient cependant de remarquer l'élégance de ce motif de draperie soutenu, à son extrémité, par des figurines d'enfants, & qui forme une sorte de frise à la corniche, supportant le motif des deux niches placées à droite & à gauche de la fenêtre centrale de cette travée. Il est assez rare de trouver un exemple de niche circulaire, au xii⁰ siècle.

L'ordonnance architecturale de l'extérieur semble être l'œuvre d'un artiste romain, & la grande corniche de la nef rappelle celle des monuments antiques, que le maître ès pierres de Saint-Paul-Trois-Châteaux avait près de lui, à Vaison ou à Orange.

Le porche latéral de cet édifice (planche XXXIV) n'est pas moins remarquable : on remarque dans tous ces profils une pureté & une harmonie indiquant qu'une main habile en a tracé les contours aussi fermes que corrects.

CATHÉDRALE DE NIMES

Planches XXVIII & XXIX.

Une partie de la façade de la cathédrale de Nîmes, contre laquelle est adossé son clocher, remonte au commencement du xiie siècle. Par son ordonnance architecturale & par le caractère de son ornementation, elle mérite d'être étudiée; il y a dans cette sculpture une ampleur, une richesse de détails remarquables. Cette grande frise à personnages qui couronne horizontalement ce frontispice, reproduit les principales scènes de la Bible depuis la création du premier homme. Les voici, suivant l'ordre qu'elles occupent : Adam & Ève se tiennent sous l'arbre du bien & du mal, autour duquel s'enroule le serpent. Ils mangent le fruit défendu. Dieu, personnifié par un vieillard tenant un bâton à la main, reproche leur faute à Adam & Ève, qui cachent leur honte dans le feuillage du figuier. Un chérubin tient un glaive à la main; il garde la porte du paradis terrestre. Un ange en chasse le premier homme & sa compagne. Adam & ses fils offrent au Seigneur des sacrifices : Abel présente des fruits; Caïn, des moutons. Caïn tue son frère.

Le reste de cette frise appartient au commencement du xviie siècle; peut-être est-elle une reproduction de la partie qui fut détruite pendant les guerres de religion.

Ces intéressants bas-reliefs retracent les faits caractéristiques de la vie de Noé & de celle de ses enfants. — Le sacrifice d'Abraham & les scènes historiques de Pharaon, de Moïse & de Balaam.

Le clocher de cette cathédrale, de sa base à la naissance de son deuxième cordon, est une grande tour carrée, parfaitement appareillée, & dans laquelle est percée une fenêtre, dont la face & le profil sont donnés planche XXIX.

CLOCHERS

Planches XXXV à XLVI.

Les clochers, dans le midi de la France, depuis l'époque carlovingienne jusqu'à la fin du xiie siècle sont, en général, de forme carrée. Quelques-uns occupent la partie antérieure de la nef principale, d'autres s'élèvent sur la coupole précédant ordinairement l'abside; le petit nombre, lorsque leur dimension est peu importante, repose simplement sur la voûte d'une nef; tel est celui de l'église de l'abbaye de Silvacanne (planche XXXV) & celui de la chapelle de Beaucaire (planche XXXVI), dont un côté seul porte sur la façade de cet oratoire.

A l'époque carlovingienne, ces trois modes furent indistinctement adoptés. Ainsi le clocher de Saint-Trophime repose sur la coupole de sa grande nef, celui de Notre-Dame d'Avignon est en tête de sa façade, tandis que l'élégante tour carrée de Notre–Dame d'Aubune, près de Carpentras, est flanquée sur la face latérale de cette église, tout comme celle de Notre-Dame de Vaison a été construite sur une des petites absides mérovingiennes de l'édifice primitif.

Les exemples réunis dans notre recueil suffiront pour compléter ces explications sommaires.

Les deux premiers étages du clocher de Saint-Laurent-de-Salon sont les seuls restes de l'église primitive, sur l'emplacement de laquelle fut bâtie en 1344, par Jean de Cardonne, archevêque d'Arles, la collégiale actuelle, qui renferme le tombeau de Michel Nostradamus.

Quelques marches donnent accès au porche qui a été disposé dans son étage inférieur.

Le premier étage, encadré par deux pilastres avec chapiteaux sculptés, est éclairé par une fenêtre placée dans l'axe de la grande arcade d'entrée; des arcatures à moulures continues forment son couronnement.

Comme construction, comme ordonnance générale & comme détails, la partie ancienne du clocher de Saint-Laurent est vraiment remarquable; la vue de notre dessin (planche XXXVIII) justifie cette assertion.

Le clocher de Saint-Paul de Mausole, près Saint-Remy, a quelque ressemblance avec celui de Saint-Laurent.

On demeure étonné de retrouver dans un cimetière de village du département de l'Hérault une tour comme celle de Puisalicon, dont l'ensemble & les détails ressemblent d'une façon aussi complète à des monuments similaires construits sur les bords du Rhin (planche XXXIX) (1). La forme des chapiteaux-consoles des colonnettes, les arcatures avec leurs appareils de couleurs alternées, donnent en effet à cet ancien clocher, qui a dû appartenir à l'église primitive de cette localité, un caractère tout différent de l'architecture ordinaire de ces contrées.

Les moulures des cordons à simple biseau ornées de dents de scie ou de besants, en pierre noire, assigneraient à cet édifice la fin du xe siècle.

Dans la monographie de l'église de Vaison, il a été fait mention déjà du clocher de cette église (planche XXXVII) & de sa corniche qui en fixe la date au commencement du xie siècle. La disposition de l'étage supérieur de cette tour élancée est très–élégante; il est fâcheux que son couronnement ait été détruit ou inachevé.

Le clocher de l'église de Saint-Trophime (planche XLI) est un des plus importants parmi ceux de forme carrée de la fin de l'époque carlovingienne; il repose sur la coupole de la partie primitive de cet édifice, & ses appareils couverts de marques de tâcherons attestent qu'il a été achevé, tout au moins, par les élèves de l'architecte qui avait agrandi la nef de Saint-Virgile.

Le couronnement seul de ce clocher ne date pas de l'époque de sa construction. Il a été couvert de cette flèche écrasée, qui le termine aujourd'hui, dans le commencement du

---

(1) Viollet-le-Duc : *Dictionnaire raisonné d'Architecture*, pages 404, 405 & 406.

siècle passé. Des documents historiques nous apprennent qu'à son extrémité se trouvait une terrasse servant à la vigie des consuls de la ville d'Arles.

Il y a, dans la disposition en arcatures des deux premiers cordons de cette tour, une certaine analogie avec les monuments similaires de la Suisse & des bords du Rhin.

Les tours de clochers circulaires sont assez rares dans la Provence, le Comtat & le Languedoc.

Nous avons relevé, dans le village de Mollégès, un de ces types (planche XLII), que M. Viollet-le-Duc a reproduit dans son Dictionnaire, sur nos indications, en ajoutant, avec la sûreté de son crayon & de son savoir, la coupole en forme de tiare qui complète son dessin.

« Nous trouvons planté, dit-il, sur le pignon de la façade de l'église de Mollégès « (Bouches-du-Rhône) un petit clocher du XIIe siècle, qui reproduit assez exactement, « quoique d'une manière barbare, le monument antique de Saint-Remy (1).

« Le clocher de Mollégès n'a pas plus de 2m,06 à sa base hors-d'œuvre; il se compose « d'un étage carré porté sur quatre piliers réunis par quatre archivoltes & d'une lanterne « sur plan circulaire... Une seule cloche était suspendue au centre de la lanterne circulaire. « Cette cloche, dont le bord inférieur devait se trouver au niveau de la deuxième assise (au-« dessus du cordon de la partie carrée), ne pouvait être mise en branle : elle était fixée « très-probablement à une traverse intérieure posée sur le niveau supérieur de la corniche « circulaire, & le sonneur placé sous l'une de ces quatre arcades se contentait de frapper « le battant contre le bord de la cloche ou, autrement dit, de tinter au moyen d'une « cordelle attachée à l'extrémité inférieure du battant, ainsi que cela se pratique encore « dans toute l'Italie méridionale. »

Le clocher de l'église Saint-Théodorit d'Uzès (Gard) (planches XLIV, XLV & XLVI) est une des plus élégantes tours rondes du XIIe siècle. Il y a dans son ordonnance architecturale une sorte de ressemblance avec les tours italiennes, celle de Pise principalement.

Aussi convenait-il de reproduire cet important monument dans tous ses détails.

Six étages s'élèvent chacun avec une retraite progressive sur la base carrée de cette tour.

Quelques chapiteaux des colonnes qui divisent les ouvertures percées dans ces étages sont surmontés d'une console rachetant l'épaisseur de l'arcade dont ils supportent la retombée (planche XLV).

Les clochers de forme octogonale construits sur une coupole, ou sur la travée placée avant l'abside, sont assez nombreux. L'église de Bourg-Saint-Andéol (Ardèche) en offre un modèle complet. Le clocher de l'église de Notre-Dame-des-Aliscamps est d'une ordonnance presque semblable; il est reproduit dans notre planche XLIII. On pourrait généralement reprocher à ce type un certain écrasement qui le rend lourd & diminue ainsi son impor-

(1) *Note de l'auteur :* Mollégès est un village qui n'est distant que de quelques kilomètres de Saint-Rémi, où se trouve le mausolée antique que nous citons.

tance dans l'ensemble du monument. C'est le défaut principal du clocher des Aliscamps dont tous les détails & tous les profils, parfaitement étudiés, attestent l'habileté du maître ès pierre qui le fit élever (1).

AUTELS

Planches XLVII, XLVIII, XLIX, L, LI, LII & LII bis.

Les premiers chrétiens se servirent d'un autel pour célébrer le sacrifice eucharistique. Nous avons déjà parlé de la tradition rapportant que les saints compagnons de Marie & de Salomé, en débarquant sur la terre de Provence, élevèrent à Dieu un autel en terre pétrie, parce que sans doute ils ne trouvèrent pas d'autres matériaux sur les lieux.

Tous les auteurs sacrés, & avec eux de nombreux archéologues, s'accordent à dire que les premiers autels n'étaient guère qu'une simple table de bois, en commémoration de celle sur laquelle le Christ institua la sainte Eucharistie (2).

Les catacombes nous offrent le type des autels qui furent élevés dans la suite en forme de tombeaux : table de marbre, placée horizontalement sur un massif renfermant les ossements d'un martyr.

L'emploi des métaux dans la confection des autels apparaît au vᵉ siècle. Sur les autels portatifs était posée une tablette de consécration. L'église des Saintes-Maries possède une de ces plaques de marbre des plus curieuses, de 0ᵐ,18 de large sur 0ᵐ,36 de longueur & sur laquelle est gravée, en caractères du ıxᵉ siècle, l'inscription suivante :

+ ALTARE · S̄C̄I · SALVATORIS.

Les autels primitifs en pierre ou en marbre affectèrent des formes différentes (3); la plus usitée était celle qui consistait en une table à rebords intérieurs pour retenir les espèces consacrées, & reposant sur un pied-droit, ou bien sur une colonne comme est celui qu'on voit encore dans la crypte de Sainte-Cécile, à Rome.

Dans le chapiteau du pied-droit était ménagée une petite cavité carrée, destinée à recevoir le sépulcre des reliques (4). On sait, en effet, que dès l'an 274 le pape Félix Iᵉʳ avait rendu un décret, consacrant l'usage déjà ancien de célébrer le saint sacrifice sur les restes des martyrs : *Hic constituit supra sepulcra martyrum missa celebrari* (5).

Dans l'église de Six-Fours, à l'emplacement du sanctuaire de l'église primitive, on

---

(1) Nous avons donné dans notre second volume d'autres types de clochers de forme octogonale dans les monographies des églises de Cavaillon et du Thor.

(2) *Dictionnaire des Antiquités chrétiennes*, par l'abbé Martigny, pages 57 à 62.

(3) Voir : Viollet-le-Duc, *Dictionnaire raisonné d'Architecture*, tome II; au mot *Autel*.

(4) Voir : *Congrès scientifique de France*, 33ᵉ session, — Aix 1867, — page 352.

(5) Anastas, biblioth. in Felic., 1.

voit encore debout un autel en pierre dure polie, & semblable à celui de la chapelle de la Trinité de Lérins (planche XLVII). Son pied-droit porte dans son chapiteau une entaille, bouchée par une brique qui doit certainement sceller la boîte des reliques.

Dans la planche LXIV est gravée une de ces colonnes isolées servant de support à une table sacrée; au centre de son chapiteau épanelé, se trouve aussi le trou du sépulcre des reliques.

L'autel que nous donnons ici (fig. A) se trouvait dans la chapelle de *Saint-Victor-de-Castel,* commune de Bagnols (Gard) (1); il sert aujourd'hui de piédestal à une croix de bois, placée dans une terre, au bord de la route de Bagnols à Saint-Gervais.

Ce petit monument, d'un mètre de hauteur environ, est un monolithe carré. Chaque angle est flanqué d'une colonne ronde, saillante de 0m,20, surmontée d'un chapiteau à feuilles pointues & simplement épanelées. Sur trois faces de cet autel est sculptée en relief une croix ancrée, renfermée dans un double cercle, symbole de l'éternité. La face principale, d'un travail mieux soigné, représente

Fig. A. — Autel de Saint-Victor-de-Castel.

un portique formé de deux pilastres, surmontés d'un archivolte décoré de dents de scie. Au milieu de ce portique est figurée une autre croix ancrée dont le bras inférieur est plus allongé. Sur le champ de cette croix serpente une sorte de spirale qui semble radier vers les quatre branches en partant du centre où la moulure s'arrondit en une circonférence.

Fig. B. — Autel de Saint-Saturnin, près d'Apt.

La pointe droite de la branche supérieure se replie & s'allonge en se recourbant vers le côté droit de la croix, de façon à former le P des Grecs. L'ensemble présente donc le monogramme XP. Une colombe surmonte cette croix.

Dans l'ancienne cathédrale de Digne, église de Notre-Dame, aujourd'hui chapelle du cimetière de cette ville, on a découvert, il y a quelques années, un autel semblable; mentionné antérieurement, du reste, par le savant Prévot Gassendi, dans sa *Notitia Dignensis.* Cet autel est en marbre blanc (2); il a 0m,86 sur 0m,60, & sa hauteur dans son état actuel est de 1m,00.

La croix qui décore sa face principale est de même forme, mais beaucoup plus simple que celle de Saint-Victor-de-Castel.

Nous croyons que ces deux autels appartiennent à l'époque mérovingienne.

On remarque dans l'ancienne chapelle de Saint-Saturnin-lès-Apt (Vaucluse) un pied d'autel monolithe très-curieux (fig. B). Sur sa face principale

(1) Nous devons le dessin de cet autel et sa description à M. Allègre, de l'académie du Gard.

(2) *Revue de l'Art chrétien,* tome XII, page 593.

& sur une tablette encadrée de trois cannelures de chaque côté, on lit l'inscription suivante :

IN ONORE SANTI SATVRNINI MARTIR.

Les moulures de la base & celles de la corniche sont les mêmes. La hauteur de ce prisme est de 0ᵐ,99 & sa plus grande largeur de 0ᵐ,25.

On sait, d'après deux inscriptions gravées dans cette chapelle, qu'elle fut consacrée en 1056, par *Raïambaldus,* Raimbaud, archevêque d'Arles, assisté d'Ugues, évêque de Sénez, & d'Alfant, évêque d'Apt. Il est probable que cet autel était celui qui reçut la consécration de ces trois prélats : supposition qui lui assignerait la date du xıᵉ siècle.

Un des supports d'autel les plus curieux que nous ayons rencontré dans nos explorations dans le midi de la France est celui que l'on voit encore en place dans une des chapelles absidales de l'abbaye du Thoronet (planche XLVII. C).

Un autre support, de forme plus élégante, est conservé dans le musée Bourguignon, à Aix, en Provence (1). C'est un vase (fig. C) dont la panse est ornée d'un ruban retenu par ses deux anses. Le tailloir, servant de chapiteau à ce support, est entaillé pour recevoir la boîte des reliques. Les moulures qui le décorent lui assigneraient la fin du xıⁱᵉ siècle. C'est une réminiscence de l'ancien usage des premiers chrétiens; on sait qu'ils posaient quelquefois la table de l'autel sur une urne renfermant les restes des martyrs (2).

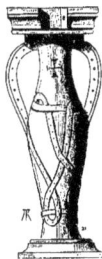

Fig. C.—Pied d'autel, conservé au Musée Bourguignon, à Aix.

Les autels, composés d'une table supportée par cinq colonnes, sont très-anciens. Le type le plus intéressant dans cette catégorie est assurément l'autel monolithe de l'église Sainte-Marthe (planche XLVII. A); il doit appartenir à l'édifice carlovingien, dont on retrouve les traces certaines sur bon nombre d'appareils des parties annexées à la crypte, abritant le corps de la patronne de Tarascon.

L'ancienne église de Vaison, la métropole de Notre-Dame-des-Doms (planche LVII. D), l'ancienne église Saint-Victor de Marseille, possédaient des autels de même ordonnance; mais leur table seule est monolithe : elle repose sur cinq colonnes isolées avec bases & chapiteaux.

Notre planche L donne plusieurs spécimens de ces tables d'autel. La plus riche est celle de Saint-Quenin de Vaison, qui appartiendrait au vᵉ ou vıᵉ siècle, d'après les emblèmes & les ornements divers qui la décorent. Les autres proviennent de trois églises rurales.

Sur cette même planche est dessiné un devant d'autel qui peut être rapporté à l'époque carlovingienne, à cause du style & du faire de la sculpture qui le décore.

Un des exemples les plus riches & les plus importants de ce recueil (planches XLVIII & XLIX) représente tous les détails de l'autel conservé dans la cathédrale d'Apt.

Sur sa façade principale, entre des colonnes accouplées & engagées, sont figurées

(1) Voir Ach. de Joffroy et Ernest Breton : *Introduction à l'Histoire de France,* planche xxxvı.

(2) Je dois ce renseignement précieux à l'obligeance de M. l'abbé Gareiso, le savant auteur de *l'Archéologue chrétien.*

trois niches, & sur chacune des faces latérales se retrouve la même ordonnance. Dans ces niches méplates étaient scellées des figures, de bronze peut-être, qui ont disparu. Peut-être aussi ces figures étaient-elles en marbre comme à l'autel de la Major de Marseille (1).

L'ornementation presque antique de l'autel d'Apt est d'une finesse extrême : nous croyons qu'il appartient au commencement du XIIe siècle.

Parmi ces autels massifs, nous avons également relevé (planche LI) celui de Notre-Dame-des-Doms, de la même époque & dont la frise & les chapiteaux élégants peuvent offrir un modèle correct & conçu dans les plus heureuses proportions.

La cathédrale de Saint-Maurice, à Vienne, possède un de ces autels (planche XLVII), décoré simplement avec des moulures & des chapiteaux épanelés, & qui sert de soubassement au tombeau de l'archevêque Robert.

A la fin du XIIe siècle, la coloration vint apporter son tribut de richesse à la décoration des autels; celui qu'on voit encore dans l'abbaye de Saint-Guillem-le-Désert est un des plus beaux dans ce genre. Sa table & sa base sont en marbre noir mouluré (2) (planche LII & LII *bis*). Dans le massif central en marbre blanc, sont sculptés ou plutôt gravés deux sujets, encadrés de moulures entourées d'entrelacs, qui se détachent en blanc sur un fond en verres de couleurs.

Le premier sujet à gauche représente le Christ bénissant, assis dans un nimbe; aux quatre coins de ce tableau, dont le fond est coloré de la même manière, sont représentés, par leurs figures symboliques, les quatre évangélistes.

Le second sujet reproduit la scène du crucifiement : la Vierge & saint Jean se tiennent debout de chaque côté de l'arbre de la résurrection; deux figurines sortant de leur tombeau sont à leurs pieds. Plusieurs archéologues ont cru reconnaître dans ces petits personnages Adam & Ève, & dans les deux figurines, placées dans un rinceau au-dessus des bras de la croix, le soleil & la lune; le nimbe qui entoure leur tête est en contradiction avec cette interprétation, car il n'a jamais été placé au-dessus du premier homme & de sa compagne, — pas plus qu'autour de ces deux astres.

Avant de terminer cette description des principaux autels de nos églises du Midi, notons une observation archéologique importante : celle de l'habitude qu'avaient les prêtres, surtout du IXe au XIIe siècle, de graver leur nom sur le filet d'encadrement, taillé autour des tables sur lesquelles ils célébraient le sacrifice eucharistique. — Il nous suffira de mentionner l'autel d'Auriol (Bouches-du-Rhône) & celui de Minerve (Aude), dont les graffiti si curieux ont été longuement & savamment analysés par M. Le Blant, dans sa précieuse publication intitulée *les Inscriptions chrétiennes de la Gaule* (3). À ces exemples, nous ajouterons une de ces tables que nous avons découverte à Jonquières (Gard) & qui provenait de l'ancienne chapelle

---

(1) Cet autel de la Major est gravé dans les *Annales archéologiques*, dans ce recueil si précieux dirigé par le savant archéologue Didron, & continué après lui par Édouard Didron, son neveu, avec autant de soin que de talent.

(2) Voir : 1° *Mémoire des Antiquaires de France*, IVe volume — nouvelle série, article de M. Thomassy; 2° *Notice sur l'Autel de Saint-Guillem-le-Désert*, par Ad. Le Ricque de Monchy. — Montpellier, 1857.

(3) Voir : Le Blant, *Inscriptions chrétiennes de la Gaule*, n° 609.

de Saint-Vincens-de-Cannois, située dans cette commune. On lit distinctement sur le rebord de cette petite table les noms suivants, gravés à la pointe :

✠ MARTINVS · PBR · — ELENPVRCVS — ··· BOLDVS IOANNES · PRT.

& quelques mots illisibles par suite de l'effacement des caractères tracés.

Le nombre des autels, compris dans la période du VIIIe siècle au XIIe siècle, est considérable dans le midi de la France; mais dans bien des localités on ignore encore la destination de ces grandes dalles de marbre ou de pierre dure, & on les rencontre souvent servant de seuil à un presbytère ou à une église, ou bien reléguées avec des matériaux de démolition dans le coin d'une cour, ou cachées sous les herbes & les ronces d'un cimetière de village.

SCULPTURE

A toutes les époques de l'art, la sculpture & l'architecture se sont toujours unies dans la création des monuments élevés par le génie de l'homme. Aussi l'une sert-elle bien souvent à distinguer l'autre, lorsqu'il s'agit de déterminer l'origine d'un de ces édifices sur lequel l'histoire est muette, ou la tradition incertaine.

Étudiant spécialement l'architecture romane d'une région restreinte du midi de la France, nous ne nous étendrons pas sur les considérations générales de cet art, imitant ou interprétant la nature dans toutes les œuvres du Créateur, nous ne reviendrons pas sur ses différents caractères dans l'antiquité. Les belles pages écrites par le savant Émeric David (1), la dissertation si complète, si remplie d'érudition du maître, auteur du *Dictionnaire raisonné de l'Architecture française,* nous rendraient, du reste, cette tâche trop difficile. Nous ne sortirons donc pas du cadre limité que nous nous sommes tracé.

« L'art de la sculpture n'a cessé d'être cultivé chez les Français à aucune époque de leur histoire, » a dit Émeric David; & il a dit vrai. Nous avions souvent entendu répéter, dans notre jeune âge, qu'après la domination romaine dans les Gaules, il s'était passé une longue période pendant laquelle la peinture, la sculpture & l'architecture semblaient s'être endormies sur notre sol, dévasté par les Barbares & par les sanglants ravages de ces conquérants ambitieux qui s'arrachaient le gouvernement de nos provinces.

Il n'existe, disait-on encore autour de nous, sur tout le sol de la Gaule aucun édifice mérovingien; aucun édifice carlovingien même. C'est à peine si nous possédons quelques débris de sculpture de ces temps éloignés. L'Allemagne, plus heureuse que nous, au

(1) Voir : Émeric David, *Histoire de la Sculpture française,* publiée par Duseigneur, Paris, 1853.

contraire, peut montrer les restes de l'abbaye de Lorsch, le dôme d'Aix-la-Chapelle & quelques édifices carlovingiens. En un mot, la Gaule aurait été déshéritée.

L'Italie seule avait sans interruption conservé le feu sacré de l'art, & Charlemagne n'en aurait dérobé quelques étincelles qu'en faveur des peuples du Nord. Pendant ce temps-là, la Gaule se serait contentée des monuments antiques qu'elle aurait appropriés pour le culte chrétien, pour loger ses rois & ses fonctionnaires civils & religieux. Du reste, le peu d'édifices appartenant à ces époques reculées auraient été si médiocrement construits, avec des matériaux de si peu de durée, des charpentes en bois & des toitures si fragiles, que les Sarrasins & les Normands auraient facilement fait disparaître les traces de ces constructions éphémères.

Après de longues recherches, chaleureusement patronnées par MM. Mérimée & Viollet-le-Duc, auprès de la Commission des monuments historiques, & par le comité des Sociétés savantes, nous avons pu renouer, du moins en partie pour l'époque carlovingienne, cette chaîne qu'on disait interrompue. Notre Appendice, qui nous attira ce bienveillant intérêt, contient toute une argumentation s'appuyant sur des preuves écrites & surtout sur la comparaison d'édifices composés de remaniements successifs & d'un caractère bien distinct qui prouvent que, dans le midi de la France, l'art n'a jamais sommeillé, que la tradition romaine s'y est continuée jusques à la fin du XIIᵉ siècle, époque à laquelle commence la révolution complète modifiant tous les systèmes de construction, l'ornementation & la statuaire de nos monuments français : le XIIIᵉ siècle.

Nous étudierons donc la sculpture de nos édifices méridionaux en suivant l'ordre chronologique des diverses périodes de l'architecture depuis le Bas-Empire, &, après avoir fait connaître ses caractères distinctifs, nous parlerons de la statuaire proprement dite & enfin des diverses écoles auxquelles doivent être attribués le faire particulier, le genre d'ornementation spécial & les procédés d'exécution qui se remarquent dans certaines contrées & dans certains édifices.

Parmi les monuments de l'époque mérovingienne nous citerons : Saint-Restitut, dont la frise à personnages, grossièrement sculptée, est surmontée d'un bandeau à biseau orné de rosaces; & le baptistère de Vénasque : une partie de ses chapiteaux ressemble à ceux de l'oratoire de Saint-Trophime, que des découvertes, faites après la publication de notre premier volume, nous permettent aujourd'hui d'attribuer à la fin de cette époque.

Le musée d'Arles nous offre plusieurs spécimens de ces chapiteaux de nos églises primitives, sorte de chapiteau composite reproduit dans presque tous les recueils d'architecture (1).

Cette époque, nous le reconnaissons, n'est pas riche en sculpture monumentale; elle demanda surtout à la peinture murale & aux pavages en mosaïque l'ornementation & la décoration de ses édifices religieux; empruntant assez souvent à des débris antiques la sculpture nécessaire pour compléter leur ordonnance architecturale. Les tombeaux, les autels sont les monuments les plus importants de la sculpture mérovingienne.

(1) Voir : de Caumont, *Abécédaire d'Archéologie;* tome II, page 16 (5ᵉ édition).

En voici un spécimen (figure A), provenant d'un fragment de tombeau du musée d'Arles; & un autre (figure B), provenant du musée d'Avignon (1).

Mais, avec le règne de Pépin & surtout sous Charlemagne, le midi de la Gaule se couvrit d'édifices religieux; les maîtres ès pierres, la plupart du temps sculpteurs eux-mêmes, purent donner un champ libre à leur imagination. On les voit alors reprendre la tradition antique; malheureusement les modèles du Bas-Empire étaient presque les seuls qu'ils

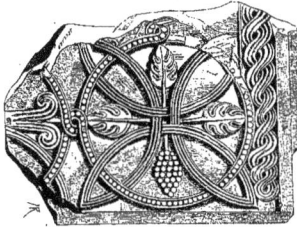

Fig. A. — Fragment conservé au musée d'Arles.   Fig. B. — Fragment provenant du musée d'Avignon.

eussent sous les yeux, & leur œuvre se ressentit de l'influence qu'exerça sur eux cette copie par trop servile d'un art déjà en décadence. VÇO, dans les cinq édifices qu'il nous a laissés (2), marqués de son nom, a fréquemment imité la sculpture du ive siècle. Dans son église de Vaison (Vaucluse), la corniche méridionale de la grande nef contient, au milieu de toutes les moulures d'un ordre corinthien, une frise à rinceaux (planche XVII) qui rappelle tout à fait les détails des monuments romains de cette ville.

Architecte de l'église de Beaumont (Vaucluse), il la décora également de quelques motifs d'une ornementation semblable.

La chapelle de Saint-Gabriel, signée par PONCIVS et par VÇO, est un monument complet de cette époque; ses chapiteaux, ses moulures ornées, ses bas-reliefs constituent un ensemble qui suffirait seul pour indiquer le caractère de la sculpture carlovingienne. L'abside de Saint-Quenin de Vaison peut revendiquer le même privilège.

Mais c'est à Notre-Dame-des-Doms (3) & à l'église de Saint-Sauveur d'Aix (planches XV & XXIII) qu'on trouve des types plus complets & plus corrects de l'ornementation de cette époque. La feuille des chapiteaux & des corniches, imitation de l'acanthe antique, est frisée à son extrémité (figure C), & presque toujours les deux pointes de la seconde partie des feuilles, placées à la suite l'une de l'autre, se confondent pour former une sorte d'arc sur la réunion de leur partie inférieure (figure D).

Les feuilles couchées, s'entrelaçant ou formant une sorte de poste, appartiennent aussi

(1) Voir à la planche L de ce volume le devant d'autel du musée d'Avignon & la table de l'autel de Saint-Quenin.
(2) Voir : *Appendice*, pages VII, XVII, XVIII & XIX.
(3) Voir : Les bois intercalés dans le texte de notre monographie de ce monument; tome 1.

à l'ornementation favorite des architectes & des sculpteurs carlovingiens (planche XV).
L'église de Bonnieux (Vaucluse) nous en fournit de précieux exemples.

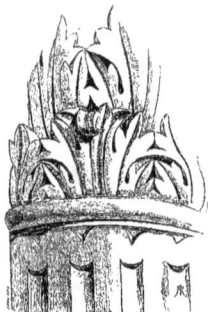

Fig. C. — Chapiteau du porche
de Notre-Dame-des-Doms, à Avignon.

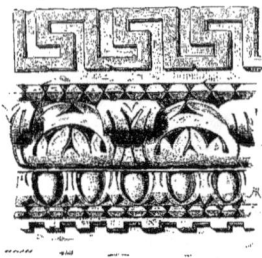

Fig. D. — Corniche du porche de
Notre-Dame-des-Doms.

Vers le xi⁰ siècle, la sculpture commence au contraire à s'affranchir de cette imitation presque servile, & on la voit chercher dans l'interprétation de la nature, dans la reproduction de scènes religieuses, de figures symboliques ou d'animaux, ses inspirations & cette voie nouvelle qui contribue à faire de l'architecture du xiiᵉ siècle une des plus belles époques de l'art français.

Dans le même temps, une espèce d'influence byzantine détourna les artistes sculpteurs, pendant quelques années, de la tradition antique. La chapelle de Sainte-Croix de Montmajour (1) devient un modèle dont l'interprétation semble se propager dans toutes nos contrées méridionales. — Les divers motifs de la corniche de Vaison (planche XVII), les deux chapiteaux de l'abside de Saint-Guillem (tome I, planche XLI), ceux de l'abside de Montmajour (tome II, planche XXXIV), sont des exemples de cette école, qui laissa de nombreuses traces de son passage, principalement dans les corniches des édifices saccagés par les Sarrasins.

Fig. E. — Détail de l'abside de Saint-
Guillem-le-Désert.

Il n'est pas sans intérêt de comparer les deux types d'ornementation & de figure réunis dans l'exemple E, représentant un ajustement des arcatures de l'abside de Saint-Guillem-le-Désert.

----

(1) Voir : *Monographie de Sainte-Croix de Montmajour*, dans notre premier volume.

III.

Nous reproduisons ici également le pilastre de l'oratoire de Saint-Trophime (figure F), qui a les mêmes caractères distinctifs, comme composition et comme faire.

L'archivolte de la porte du cloître de Saint-Victor, à Marseille, nous semble également appartenir à cette école (planche LXV). Sa richesse égale celle des plus belles ciselures d'orfévrerie.

Le Musée de Toulouse possède un chapiteau curieux du xiiᵉ siècle, représentant un sculpteur assis sur un tabouret à trois pieds & travaillant à un chapiteau : reproduction en petit de celui qui contient ce gracieux sujet. La volute & la feuille d'acanthe, aplatie par le haut, forment l'élément principal de sa composition (figure G).

Les chapiteaux de l'autel de Notre-Dame-des-Doms (planche LI) sont de la même famille, tout comme le chapiteau conservé à Servanes (Bouches-du-Rhône) (planche LXIV).

Fig. F. — Pilastre de l'oratoire
de Saint-Trophime.

Fig. G. — Chapiteau conservé au musée
de Toulouse.

L'ornementation des chapiteaux & de leurs abaques devient progressivement plus riche, plus compliquée : la feuille d'acanthe s'étale en étage dans les chapiteaux & sur leurs colonnes, comme au cloître de Saint-Guillem (planche LVI); ou bien, ce sont des enroulements avec feuilles intercalées qui s'entrelacent sur ces fûts élancés. La planche LV nous offre également un ravissant accouplement de chapiteaux provenant du même monument. Les cannelures & les bases de ces colonnes sont aussi élégantes que bien proportionnées.

Les volutes des chapiteaux, dans d'autres types, se métamorphosent en feuilles enroulées sur elles-mêmes, comme l'indique la figure H & la planche LXVII, reproduisant trois chapiteaux accouplés du cloître de Vaison — & celui (planche LXV, nº 111), provenant du cloître d'Aix-en-Provence, & reposant sur une colonne octogonale.

Fig. H. — Chapiteau conservé au
musée de Nîmes.

On voit alors le caprice des sculpteurs s'accentuer de plus en plus, & les enroulements les plus variés devenir l'élément constitutif de leurs chapiteaux. Le cloître d'Aix (tome II, planche XXX) & le Musée de Toulouse en possèdent plusieurs d'une élégance remarquable (planches LIV & LVIII & LXIV).—Les animaux & les personnages viennent donner de la vie à cette ornementation. Quelquefois aussi des rubans entrelacés s'échappent des feuilles, comme dans ce chapiteau (figure J) surmontant un pilastre du cloître de Montmajour.

Le cloître d'Elne est un des monuments les plus curieux à étudier sous le rapport de la sculpture; il mériterait pour lui seul un ouvrage complet. — Les divers détails reproduits dans ce volume (planche LXVI) donnent une idée de la richesse de sa décoration. Bien des motifs, élégants modèles comme exécution & comme composition, peuvent être étudiés dans ces galeries de marbre, où l'on passerait des journées entières à admirer l'harmonie parfaite qui a présidé à la conception de ce chef-d'œuvre d'architecture.

Fig. J. — Chapiteau du cloître de Montmajour.

Deux beaux chapiteaux de marbre, conservés au Musée d'Avignon, dont l'un figure sur notre planche LX, & un autre en pierre, plus élégant encore, provenant du cloître de Saint-Guillem (planche LVII), indiquent quel degré d'habileté avaient atteint les artistes du XIIe siècle, qui ont doté nos cloîtres de ces admirables sculptures.

Nous avons groupé, sur la planche LIX, une collection de chapiteaux choisis à Saint-Paul-de-Mausole, où se trouvent réunis des types différents, depuis le chapiteau épanelé jusqu'à ceux où les figures sont venues prendre place au milieu des feuilles & des rinceaux.

Comme parallèle de l'ornementation de nos édifices du Sud-Est, nous donnons dans ce recueil divers tailloirs (planches LIII, LX, LXII & LXIII), œuvre de l'école de Toulouse dont nous parlerons plus tard, & qui pourront être comparés avec ceux des cloîtres d'Arles (1) & de Saint-Guillem.

Le portail de Sainte-Marthe & celui de Saint-Trophime présentent également une grande variété de ces modèles, copiés ensuite dans d'autres édifices moins importants.

Les pilastres, formant les angles des cloîtres, furent aussi couverts d'arabesques & de têtes grotesques d'hommes ou d'animaux (planche XVIII).

Il suffit de regarder les pilastres des façades de Saint-Gilles & de Saint-Trophime pour se rendre compte des œuvres merveilleuses dans ce genre que nous ont laissé nos sculpteurs du XIIe siècle.

Après cet aperçu général, il nous faut parler de la statuaire proprement dite.

Il ne nous reste que bien peu de figures de l'époque mérovingienne; toutes sont grossièrement taillées & ne méritent que la mention de leur existence au point de vue iconographique. La même observation s'applique à l'époque carlovingienne, dont les artistes distingués semblent s'être consacrés exclusivement aux travaux d'orfévrerie, ou aux ouvrages sur ivoire. Les représentations humaines sont bien imparfaites. Cependant nous avons

(1) Voir : tome II, *Monographie de Saint-Trophime*.

retrouvé, au milieu de la décoration des édifices de cette période, quelques figures qui ont un certain caractère, emprunté aux types antiques, comme leur ornementation. Telle est la tête de Moïse que nous reproduisons (figure L); elle provient de la frise de l'église de Vaison. Citons aussi le bas-relief du tympan de la chapelle de Saint-Gabriel, avec ces sujets bibliques, mêlés à l'Annonciation & à la Visitation. Dans l'église de Pernes, nous retrouvons, décorant les divers ressauts de la frise de sa nef : Adam & Ève; Daniel dans

Fig. L. — Tête provenant de la frise nord
de l'église de Vaison.

la fosse aux lions; des combattants, dont le costume est une des indications les plus précieuses comme époque; des animaux, lions, ours, griffons & oiseaux isolés ou sortant de rinceaux imités des arabesques antiques. Toutes ces sculptures, du même faire & de la même main que celles de Saint-Gabriel, sont l'œuvre de PONCIVS & d'VCO.

Comme exemple de transition, rappelons aussi un chapiteau de marbre représentant l'Annonciation, figuré dans notre planche LVIII. C'est surtout au commencement du XIIᵉ siècle que la statuaire, dans nos contrées méridionales, produit des œuvres remarquables. Souvent dans un simple chapiteau elle représente des scènes ravissantes de naïveté & d'expression : telle est l'histoire de Job, sculptée sur un des chapiteaux du cloître de Saint-Sernin au milieu des plus gracieux rinceaux (planche LXIII).

De simples têtes, comme dans les chapiteaux d'Aix & du cloître de Saint-André à Vienne, prouvent le savoir & l'habileté des artistes qui les ont exécutées (planche LXV).

A Montmajour, dans le cloître de Saint-Trophime, dans celui d'Aix (planche LIV) & dans bien d'autres monuments du Midi les chapiteaux sont de véritables bas-reliefs circulaires. Les moulures de leur base, par une harmonie intelligente, se couvrent d'ornements, de feuilles & de figurines d'animaux, formant pattes aux angles de leur socle.

Les principales scènes de la Bible & de l'Évangile fournissent le programme de ces naïves compositions; exécutées quelquefois avec une expression remarquable, comme le chapiteau du cloître d'Aniane (figure K), qui représente deux diables précipitant dans l'enfer les péchés capitaux. Il est facile de reconnaître, dans ce groupe de damnés, l'Avarice portant sa bourse suspendue à son col; la Colère, placée sur sa tête, & la Luxure au-dessous d'elle.

Fig. K. — Chapiteau provenant du cloître d'Aniane.

Les angles des cloîtres s'enrichissent de figures semblables à celle de la Vierge conservée au musée de Toulouse (planche LIV), & de bas-reliefs comme ceux du cloître d'Arles, reproduits & décrits dans notre deuxième volume (tome II, planche XLV).

Mais c'est surtout sur les portails de Saint-Trophime & de Saint-Gilles, qu'il faut étudier le faire magistral de ces statuaires. Assurément leurs figures comme dessin, comme forme ont de grandes incorrections, mais leur expression sévère, noble, le modelé même de ces têtes, disent suffisamment, malgré toutes leurs imperfections, que ceux qui les ont exécutées étaient d'habiles artistes.

Brunus, dans la façade de Saint-Gilles, a poussé l'art des draperies très-loin, tout aussi bien que le sculpteur qui tailla dans la pierre la Vierge, dite de Beaucaire, bien assise dans sa *Cathédra* & dont la robe forme sur son corps les plis les plus savamment groupés (planche LXI).

·La Vierge de l'abbaye de Fontfroide, portant sur ses genoux l'Enfant-Dieu, qui bénit les rois-mages (planche LXII), n'est-elle pas une composition des plus belles & des plus gracieuses?

Ces draperies, cette coiffure de la Vierge, tout comme l'expression de son visage, sont vraiment une œuvre remarquable (1).

La représentation des animaux ne fut pas un des moindres mérites des sculpteurs du xiie siècle. Nous avons retracé dans la planche LXIV de notre deuxième volume les lions de la façade de Saint-Gilles. L'église de Saint-Sauveur d'Aix en possède deux types d'un très-beau caractère & provenant sans doute d'un trône épiscopal (figure M).

Fig. M. — Lion en marbre, conservé dans la cathédrale d'Aix
(Bouches-du-Rhône).

Après de longues & minutieuses recherches, nous croyons pouvoir affirmer que nos artistes méridionaux ont exécuté eux-mêmes les sculptures qui décorent nos édifices religieux.

Que l'architecture carlovingienne ait cherché ses inspirations dans l'architecture Lombarde, nous l'admettons volontiers; & nous dirons plus, il est facile d'en constater quelques preuves. Que cette influence se soit manifestée jusqu'au xie siècle, nous le croyons également; qu'à cette époque l'école byzantine ait fourni les artistes qui ont sculpté les corniches de

(1) Nous devons le dessin de cette Vierge à M. Baussan, sculpteur & professeur distingué de l'Ecole des Beaux-Arts de Montpellier.

Sainte-Croix, les chapiteaux de l'abside de Montmajour & de Saint-Guillem, par exemple, on peut aussi le supposer.

Mais il ne faut pas oublier que les moines de Saint-Ruf formaient des sculpteurs, des peintres & des architectes, dès la fin du xie siècle : nous avons constaté l'existence de cette école avec preuves à l'appui (1). Cette querelle qui s'élève entre le chapitre de Notre-Dame-des-Doms & les religieux de cette abbaye refusant à leur église-mère les artistes nécessaires pour travailler à cette métropole, nous prouve qu'il y avait là une véritable école & bien assurément cette école n'était pas la seule. Comment admettre que des artistes comme Brunus, comme l'auteur de la façade de Saint-Trophime n'eussent pas également leurs disciples ?

Toulouse eut aussi son école, & les œuvres nombreuses de ses artistes forment un style particulier dans l'architecture du xiie siècle.

Nous prouverons, dans une publication prochaine, que les maîtres ès-pierres carlovingiens avaient leurs élèves & nous dirons comment, grâce à de nouvelles recherches, il nous a été permis de reconstituer presque leur famille.

Il n'est pas douteux qu'il n'y ait eu à cette époque des rapports fréquents entre nos sculpteurs méridionaux & les sculpteurs italiens. Il existe, par exemple, entre les chapiteaux du cloître de Monréale, près Palerme, & ceux de Saint-Trophime d'Arles des analogies si grandes qu'on dirait qu'ils sont faits par la même main.

Nos artistes méridionaux reproduisaient souvent leurs œuvres. C'est ainsi que Montmajour, Saint-Trophime & les Saintes-Maries possèdent des chapiteaux tout à fait semblables; & notons que l'église de Saint-Ruf a bien des détails, bien des sculptures d'ornement qui ressemblent à ceux des monuments précités.

Les procédés d'exécution de la sculpture depuis l'époque carlovingienne jusqu'au xiie siècle varient; examinons-les sommairement.

A l'époque carlovingienne, l'artiste trace sur la pierre lisse son motif & ne fait qu'évider les intervalles pour former les noirs qui le détachent. Ce n'est qu'à la fin de cette période que les feuilles sont creusées avec une gouge dans leurs parties centrales & que ce travail commence à être employé pour ajouter le modelé au dessin.

Dès le commencement du xie siècle, les ornements se creusent comme des onciales : c'est le premier degré d'un modelé plus complet.

L'art de modeler se perfectionne de plus en plus à mesure que la variété des

compositions décoratives augmente. Les feuilles se frisent, se contournent (figure N), les côtes s'accusent, les tiges se tordent & quelques trous de trépan donnent du noir & de la vie à tous ces rinceaux, à cette imitation de plus en plus vraie des feuillages, des fleurs & du règne animal.

Fig. N. — Cordon de la façade de Saint-Gilles.

Les mêmes procédés s'emploient dans la statuaire, & Brunus accuse même sur les pieds de ses statues les nerfs, les muscles & les veines.

(1) Voir tome I : *Monographie de Saint-Ruf.*

Telles sont les œuvres que nos sculpteurs français de la première période du moyen âge, ont laissé sur le sol de la Provence, du Comtat & du Languedoc; elles sont parvenues jusques à nous, noircies par le temps, mais elles resplendissent encore de tout l'éclat du génie de ces maîtres qui, pour me servir du langage poétique de notre illustre Reboul, avaient su faire parler les pierres.

TOMBEAUX

Planche LXVIII.

Avant de décrire les formes affectées aux sépultures du moyen âge dans nos contrées du midi de la France, il convient de rappeler ce qu'étaient les tombeaux dès les vᵉ & vⁱᵉ siècles de notre ère chrétienne : de simples auges en pierre. Ces sarcophages se décoraient quelquefois, sur chaque face, de dessins & d'emblèmes chrétiens; le marbre remplaçait la pierre calcaire pour les seigneurs ou les personnages importants. — Les couvercles de ces sépultures affectaient, soit la forme méplate, soit la forme d'un toit à deux pentes. — L'époque mérovingienne & l'époque carlovingienne nous en donnent plusieurs exemples importants.

A Vénasque, près de Carpentras, on voit encore une de ces dalles en marbre blanc, provenant du sépulcre de l'évêque Boetius, mort en 604. Sa décoration singulière mérite d'être décrite. — Sa forme est celle d'un trapèze, sa longueur est de 2 mètres; en tête elle a 0ᵐ,72; aux pieds 0ᵐ,55.

Dans le haut de cette dalle, placée dans un encadrement surmonté d'un fronton flanqué de chaque côté de deux croix grecques, se trouve l'inscription suivante :

☧ HIC REQVIESCI [T · VIR]

BONE MEMORIAE [BOH]

ETYVS EPES QVI VIXIT [IN E]

PTO ANNVS XX MENSIS · C̄ · O

BIᵀ · X · KL · IVN. INDICCIONE SEPTIMA.

Au-dessus de l'encadrement de l'inscription est une grande croix, au bras de laquelle sont suspendus, par des chaînettes, l'A & l'Ω. Cette croix est ornée de petits compartiments carrés, renfermant d'autres petits carrés ou des losanges; — deux grandes rosaces sont sculptées au-dessus de ses bras; la même décoration, encadrée dans une bordure du même dessin que celle de la croix elle-même, est placée en dessous de l'A & de l'Ω, & aux pieds se trouvent deux petites croix grecques.

(1) Voir : *Revue des Sociétés savantes*, 1864, 3ᵉ série, tome IV, pages 456 & 457, un dessin & un rapport sur ce monument, faits par l'auteur.

Dès le ixᵉ siècle, ces sarcophages furent souvent abrités sous des arcades, dans les cloîtres ou dans les églises.

C'est ainsi qu'était placée la tombe de Geoffroy, sixième comte de Provence, décrite & dessinée dans ce recueil (1). Ce petit monument était couvert de peintures, que le temps & le vandalisme ont fait disparaître, & dont on n'aperçoit que des traces trop incomplètes pour permettre une reproduction même partielle.

On peut considérer comme un des tombeaux les plus anciens parmi ceux accolés à des monuments religieux, le tombeau que l'on voit à Toulouse, entre les contre-forts des bâtiments des Chartreux.

Notre planche LXVIII en donne le relevé fidèle & détaillé.

« Les colonnettes sont de marbre ainsi que le sarcophage, les arcatures en pierre & le « reste de la construction en briques. — Ce tombeau était entièrement peint. — On ne sait pour « quel personnage il fut élevé, mais il est bien certain qu'ici le corps était déposé dans le « sarcophage même placé sur cinq colonnettes au-dessus du soubassement, conformément à « l'usage admis encore au xiiᵉ siècle dans les provinces méridionales, & qui semble dériver « de traditions fort anciennes, étrangères à l'antiquité chrétienne gallo-romaine » (2).

Dans les travées détruites de l'église de Notre-Dame-des-Aliscamps, on voit encore des tombeaux bien plus simples, abrités sous des arcs reposant sur des piliers chanfreinés. — Mais c'est à partir du xiiiᵉ siècle, & surtout dans le xivᵉ siècle, que se répandit généralement cet usage de construire des monuments funèbres dans les édifices religieux.

FONTS BAPTISMAUX

Planche LXIX.

Le baptême se donna par immersion depuis l'origine de l'Église chrétienne jusques vers la fin du viiiᵉ siècle. Cette coutume, dans nos provinces méridionales, est confirmée par la découverte de plusieurs piscines ou bassins occupant la partie centrale de petits édifices qu'il faut attribuer à cette époque, & qui étaient consacrés à l'administration de ce sacrement.

A Vénasque (Vaucluse), on peut étudier un de ces monuments presque complet; sa piscine est entière, & on ne peut douter de sa destination.

Le baptistère, découvert, il y a quelques années, auprès de la cathédrale de Valence, est par son plan, par les fragments de ses mosaïques, un des spécimens les plus curieux de ces constructions religieuses de la primitive Église (figure A) (3).

(1) *Architecture romane :* tome II, pages 30 & 31, & planche xxxix.

(2) Viollet-le-Duc : *Dictionnaire raisonné d'Architecture,* tome IX, pages 27, 28 ; et P. Mérimée : *Note d'un Voyage dans le midi de la France,* page 463.

(3) *Extrait du rapport à la Société archéologique de la Drôme sur la découverte du baptistère de Valence et de sa mosaïque.* — Voir : *Statistique monumentale de la Drôme,* par l'abbé Jouve, page 51.

Sous le rapport iconographique, il est également intéressant de connaître la description exacte de ce pavé orné.

« Une conduite d'eau en plomb (figure B), encastrée dans le béton qui fait corps
« avec la mosaïque & à cinq ou six centimètres de profondeur, se dirige vers le milieu du
« transept (figure A). En cet endroit & malgré de profonds bouleversements, nous avons
« trouvé, à cinquante centimètres environ, une partie
« de glacis qui a dû appartenir à la piscine; il est de
« même nature que le pavé de la mosaïque. Ce glacis
« a été coupé d'abord en deux par une tombe creusée
« suivant l'axe du baptistère; sa moitié occidentale a
« été plus tard complétement détruite par un mur
« perpendiculaire à la direction précédente & servant
« à appuyer la voûte d'un caveau funéraire; en sorte
« que ce qui reste du glacis ne se compose que de
« deux fragments formant certainement une très-petite
« partie du fond de la piscine. Il ne reste rien de ses
« parois, de façon qu'on ne peut préciser quelle était
« sa forme.

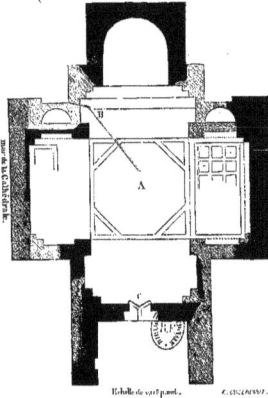

Fig. A. — Plan du baptistère de Valence (Drôme). — (C). Tuiles creuses scellées dans le glacis & formant rigole.

« Les fragments les plus considérables de mosaïque
« qui subsistent encore, appartiennent aux diverses
« parties du transept; les petits cubes qui forment leurs
« dessins sont de briques rouges, de marbre noir &
« jaune & de beau marbre blanc d'Italie. Les derniers
« fragments découverts contiennent encore, entre autres, des cubes bleus en composition
« & des cubes verts qui paraissent être de malachite; mais il se pourrait que l'emploi
« de ces derniers fût dû à une restauration.

« Les dessins se composaient de panneaux encadrés par des frises formées, à l'exception
« de deux entrelacs & de torsades d'une grande richesse, dont la belle exécution rappelle
« l'art classique.

« Les panneaux qui subsistent sont tous ornés de sujets différents & que nous croyons
« pris dans le symbolisme chrétien.

« Le plus considérable de ces panneaux, de forme octogonale, encadrait la piscine
« & était lui-même inscrit dans le carré du transept.

« Un cours d'eau, le Jourdain, figuré par des ondulations, suivait intérieurement le
« périmètre de l'octogone. Des animaux, que la commission a reconnu être des cerfs, malgré
« leur état de dégradation, sont, dans diverses attitudes, auprès de ce fleuve. L'un d'eux
« en approche la tête, comme pour s'y désaltérer. Entre eux se trouvent des plantes avec
« leurs feuillages & leurs fleurs. Le cerf, auprès d'un cours d'eau, est un des emblêmes les
« plus ordinaires de l'ardeur du catéchumène pour le baptême. Il existait peu de baptistères
« où il ne fût pas représenté d'une manière quelconque.

« Deux des panneaux triangulaires, formés par l'inscription de l'octogone dans le carré

« du transept, existent encore; ils sont ornés de sujets curieux & plus rarement représentés.
« Sur l'un, c'est un lièvre à la course, entre deux corbeaux. Un des corbeaux paraît
« vouloir aveugler le lièvre, qui est défendu par un aigle placé au-dessus de lui. Sur
« l'autre, c'est un agneau qui est complétement soustrait aux atteintes de deux corbeaux
« par un aigle dont les ailes sont déployées. Au-dessus de l'agneau est une fleur de lis.

« Ces sujets ne sont pas certainement de pure fantaisie. En se rappelant que le
« corbeau était l'emblême du judaïsme ou de la loi morte & charnelle; que le lièvre
« & l'agneau personnifiaient le chrétien, probablement avec des qualités différentes;
« qu'enfin l'aigle est pris quelquefois comme l'emblême de la régénération ou de la grâce
« obtenue par le baptême, ne pourrait-on pas dire que ces deux sujets, qui ont entre eux
« une grande analogie, représentent également l'action salutaire que la grâce obtenue par
« le baptême opère en faveur du chrétien contre les attaques du démon, avec une
« différence, que chez le chrétien la timidité ou la prudence, caractérisée par la nature du
« lièvre, est seulement défendue, tandis que l'innocence, représentée par un agneau à côté
« d'une fleur de lis, est mise hors des atteintes du mal?

« Il ne reste dans le bras méridional du transept, en totalité ou en partie, que six
« panneaux justaposés, séparés entre eux par des frises; trois de ces panneaux contiennent,
« celui du milieu, un cerf le haut du corps rejeté en arrière, & dans chacun des deux
« autres un léopard portant une griffe sur le cerf. Au-dessus est un panneau contenant
« un vase & dans les deux voisins, des lions se désaltérant dans le vase précédent, symbole
« de la force que le chrétien acquiert par le baptême ou plutôt par l'eucharistie.

« Enfin, on a découvert en dernier lieu, dans le bras nord du transept, une partie de
« mosaïque composée d'un panneau & des fragments de quatre frises différentes les unes des autres.

« Le dessin de ce dernier fragment est, en général, bien moins correct que les
« précédents, & si ce n'était le voisinage d'une frise pareille à la plus élégante de celles
« qui se trouvent dans le transept, on se demanderait si c'est une œuvre de la même
« époque. Cette mosaïque est formée de petits cubes plus variés de couleur que ceux des
« autres fragments & employés sans grand discernement; il est probable qu'elle a subi,
« par la main d'un ouvrier peu intelligent, une restauration considérable.

« Un lion ailé, emblême sans doute de Saint-Marc, est figuré sur ce panneau.

« Le motif de la frise qui borde le mur du nord est très-maigre; c'est simplement une
« série d'écailles. Les autres frises sont formées d'entrelacs & de torsades; les fragments
« qui en restent sont en mauvais état de conservation. »

La commission archéologique de Valence attribue à l'époque mérovingienne ce monument curieux?

Le village de Mélas, dans l'Ardèche, possède aussi un baptistère des plus intéressants,
avec sa piscine minutieusement décrite par le vicomte de Saint-Andéol, savant & chercheur
infatigable, que la mort a ravi trop tôt à l'archéologie (1).

(1) *Revue de l'Art chrétien*, tome VI, page 169.

Voir également, dans le même ouvrage, une étude du même auteur, M. le vicomte de Saint-Andéol, sur les baptistères,
piscines & cuves, tome II, page 605; tome IX, page 563; & tome VI, page 30.

Le baptistère de Saint-Sauveur d'Aix (1), celui de Riez & celui de Fréjus, sortes de rotonde dont les coupoles sont soutenues par des colonnes antiques, sont assez connus pour qu'il suffise simplement de les mentionner.

Après l'abandon du baptême par immersion, les cuves baptismales furent adoptées ; le nombre de ces petits monuments de l'époque romane est assez rare dans le Midi. Nous donnons ici (planche LXIX) la reproduction de la cuve en pierre dure de l'abbaye de Lacelle, près Brignolles (Var) ; & des fonts baptismaux de la cathédrale de Perpignan, singulière imitation d'une cuve en bois dont les douves sont maintenues par une corde dans leur partie inférieure.

Sur le bord horizontal de cette cuve est gravée l'inscription suivante :

† VNDA ZACRI FONTIS NECAT ANGVIS SIBILA SONTIS.

CROIX

L'usage d'incruster des croix dans les façades d'église remonte à l'époque mérovingienne. — Sur le pignon occidental de la façade de la basse œuvre de Beauvais (2), on voit une de ces croix placée dans une maçonnerie de moellons smillés, & flanquée, dans sa partie supérieure, de deux petits trous entourés d'un entablement, appareillé de la même façon.

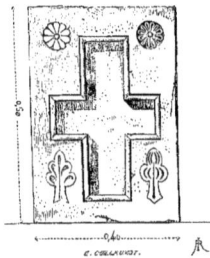

Fig. A. — Croix incrustée dans l'église de Marguerittes (Gard).

Fig. B. — Croix provenant de l'église de Saint-Honorat (îles de Lérins). Hauteur, 0m,90 ; largeur, 0m,85.

— Au prieuré de Montmille, près de Beauvais, autre édifice du xie siècle, le pignon de l'église est orné d'une croix incrustée de la même manière.

(1) Voir : Architecture bysantine, Texier & R. P. Puplan, planches x & xi.
(2) Viollet-le-Duc, Dictionnaire d'Architecture, tome IV, pages 418 & 419.

Le Midi possède ces exemples offerts par le Nord, peut-être plus rares, mais aussi intéressants. — La figure A représente une de ces croix, taillée en creux, flanquée, à son sommet, de deux rosaces & dans sa partie inférieure, de deux espèces de palmettes : ornements qui lui assignent une date des plus anciennes. — Cette pierre, incrustée dans la façade de l'église de Marguerittes, près de Nîmes, doit avoir appartenu probablement à une ancienne église placée sous le vocable de Saint-Gilles, & dont les restes se voient encore dans l'ancien cimetière de cette commune.

La figure B est un des plus beaux types de ces croix, provenant de Saint-Honorat, de Lérins. Ses fragments, assez complets pour permettre de la restaurer, sont conservés dans l'ancienne église, convertie aujourd'hui en Musée.

Un A & un Ω sont gravés à droite & à gauche du pied. — Il est probable que cette sculpture, d'un fini précieux, devait être placée comme celle que nous venons de décrire.

Les croix étaient souvent posées en antefixe au sommet des frontons, comme est celle de Saint-Trophime d'Arles, dont les branches sont découpées en saillie de son nimbe. — Souvent aussi elles étaient entées sur une colonne ou sur un pilier placé sur une route ou dans un cimetière.

Les croix de consécration des églises étaient peintes. — Le badigeon & bien aussi les grattages inintelligents ont fait disparaître, dans nos anciens édifices du Midi, les traces intéressantes de ces signes sacrés

MOSAÏQUE DE L'ÉGLISE DE CRUAS (ARDÈCHE)

Planches LXXVIII & LXXIX.

Il n'existe aucune mosaïque sur parement dans le midi de la France & dans les nombreux édifices que nous avons relevés ou étudiés; nous n'avons pas trouvé la moindre trace de ce genre de décoration murale dont l'église de Germigny-des-Prés nous offre un si précieux exemple (1).

Ce fut surtout, sous la race mérovingienne, que cette ornementation fut employée dans la Gaule pour l'embellissement de ses temples chrétiens. Charlemagne, plus tard, ne fit que propager davantage dans le nord les œuvres de ces artistes venus de la Lombardie qui excellaient, avec ces petits cubes de verre doré ou en pâte de couleur, à reproduire des sujets religieux, des arabesques semblables à celles qui se voient encore dans les basiliques d'Italie. A cette époque leur habileté était arrivée à son apogée. Avant d'entreprendre l'exécution de leur travail, ils se rendaient compte de l'effet qu'il devait produire, en exécutant une peinture murale sur les coupoles, les pendentifs ou les parties droites

(1) La partie ancienne de cet édifice vient d'être restaurée avec le plus grand soin par M. Lisch, sous la direction de la Commission des Monuments historiques.

qu'ils avaient à décorer, & ce n'était qu'après avoir fait cet essai préalable qu'ils recou-
vraient leurs compositions avec leurs petits cubes de couleur variée (1).

Mais si le midi est complétement dépourvu de ces mosaïques de parement, il est en
revanche très-riche en mosaïque sur pavage.

En démolissant l'église de la Major de Marseille, pour construire sa magnifique cathédrale,
M. L. Vaudoyer découvrit les restes d'un ancien baptistère avec les bases de ses colonnes encore
en place & de nombreux fragments de mosaïque; il fit relever avec le plus grand soin ces
vestiges précieux, qui seront un jour sans aucun doute livrés à la publicité.

A Valence, près de la cathédrale également, on fit, il y a quelques années, pareille
découverte, mentionnée dans ce volume au chapitre baptistère.

Parmi tous les exemples de ces sortes de pavés de nos monuments religieux, le plus
beau, le plus complet & le moins connu est celui que nous donnons dans ce volume
(planches LXXVIII-LXXIX) & qui décore le sol de l'abside de l'église de Cruas; nous avons
pu en découvrir la date dont on n'avait donné encore que des chiffres incomplets. (2).

Cette mosaïque entourait l'autel placé au centre de cette abside; les prophètes Hélie
& Hénoc sont représentés debout à droite & à gauche de l'autel. Le premier est vêtu
d'une longue tunique retenue par une ceinture en torsade; il s'appuie sur une sorte
de bâton terminé par un ornement en forme de trèfle. Hénoc porte le costume de
soldat romain avec un mantelet rejeté sur ses épaules, & retenu sur son épaule droite
par une fibule ronde. Dans sa main gauche, il tient un bâton court surmonté d'un fer
de lance.

De chaque côté, sur leur tête, sort un bras entouré de draperie dont la main paraît les
bénir.

Dans la partie centrale de ce pavage est figurée une croix, formée de morceaux de
marbre précieux & reposant sur des arcs en demi-cercle, superposés en deux rangs;
serait-ce la représentation de sépulcres? De chaque côté de cette croix, & faits également
avec de petits marbres taillés, deux arbres symboliques : le mot FICVS désigne celui placé
à gauche. Une inscription illisible donne l'appellation du second. Ne serait-ce pas le bon
& le mauvais arbre de l'Évangile?

Ainsi que l'indique l'inscription de la partie gauche de la bande sur laquelle repose
le demi-cercle qui contient ces sujets, cette mosaïque a été faite en l'an M.XLVIII. Sur
l'autre partie de la bande était peut-être inscrit le nom de son auteur; il ne reste plus
de ce côté qu'un N & un I.

Les figures de cette mosaïque, malgré l'incorrection de leur forme, ont un grand
caractère & sont très-remarquablement exécutées comme travail matériel.

A Saint-Trophime, un pavage d'une époque bien antérieure à celui de Cruas, existait

(1) Après un examen des plus minutieux des mosaïques du dôme d'Aix-la-Chapelle, nous avons reconnu des traces de
ces peintures, recouvertes par le ciment qui recevait les cubes, dont l'empreinte se voit encore dans cet enduit. Nous
donnerons les détails de cette particularité remarquable dans notre *Mission relative aux Monuments antérieurs au
IX⁰ siècle.*

(2) Voir : de Caumont, *Abécédaire archéologique* (édition 1867), tome II, page 188.

au niveau du sol de l'église primitive attribuée à saint Virgile. La partie découverte indiquerait que cette mosaïque était d'une grande richesse & d'une grande importance; malheureusement elle se trouve engagée dans les maçonneries de date postérieure à sa construction & il a été impossible de pousser plus loin les recherches nécessaires pour en faire un relevé suffisamment complet.

PEINTURES MURALES

Planches LXX, LXXI, LXXII, LXXIII, LXXIV, LXXV & LXXVI.

Les siècles passent, les mœurs, les habitudes varient; les peuples modifient, soit en totalité, soit en partie, leurs demeures; les intérieurs principalement changent d'aspect; &, sauf quelques rares exceptions, le respect de ce qui rappelle les ancêtres dans la famille parvient à peine à conserver quelques traces de ces décorations primitives de leurs habitations. Dans les églises mêmes, où la tradition & le culte du passé devraient être une égide inviolable, l'amour du changement, le culte du badigeon & un goût équivoque pour le clinquant ont fait disparaître les peintures murales, dont la conservation aurait dû être un devoir sacré, comme l'est la transmission d'un trésor, d'un dépôt confié.

C'est donc chose rare que de retrouver dans nos édifices du moyen âge ce genre d'ornementation, dont les spécimens sont si précieux pour l'histoire de l'art, & pour la restauration des édifices civils ou religieux qui nous ont été laissés par nos pères.

Les peintures murales du XIIe siècle sont les seules représentées dans ce recueil, & si nous avons donné quelques détails à grande échelle, c'est qu'il nous a paru convenable d'indiquer les procédés, comme de dessin & de coloration, employés par les artistes de cette époque.

C'est dans la salle capitulaire de Saint-Trophime d'Arles, que nous avons relevé un fragment de décoration architecturale (planches LXXII, LXXIII, LXXIV & LXXV), qui ornait le mur du fond de cette salle.

Ces figures, d'un dessin & d'un coloris naïfs, sont vêtues de draperies dont les bordures étaient ornées de verroteries, enchâssées dans l'enduit sur lequel avait été exécutée cette détrempe.

Dans une petite chapelle carlovingienne, située à proximité du village de Fontvieille (Bouches-du-Rhône), & qui devait être une dépendance de Montmajour, se trouve une élégante frise dans laquelle se déroule une grecque aux couleurs variées; des poissons tenant un brin d'herbe dans leur bouche sont disposés sur des cartouches, placés dans un des vides de cet ornement (planches LXXVI & LXXVII).

Cette décoration murale, dont ce fragment seul est encore complet aujourd'hui, devait être exécutée par un maître habile du XIIe siècle, si on en juge par les quelques parties de draperies des figures qui en faisaient le motif principal. Malheureusement nous avons visité, dix ans trop tard, ce charmant oratoire; les injures du temps & plus encore les dégradations des bergers ou des enfants à qui il servait d'abri ont presque achevé sa destruction (1).

(1) Ouvrages à consulter : Viollet-le-Duc, *Dictionnaire d'Architecture*, au mot Peinture; T.-B. Émeric David, *Histoire de la Peinture au moyen âge*, 1852.

FIN DU TOME TROISIÈME

ARCHITECTURE ROMANE

DU MIDI DE LA FRANCE

TROISIÈME VOLUME

TABLE DES PLANCHES ET DU TEXTE

(1) Par un oubli du graveur la désignation et la provenance de ces détails est omise sur cette planche : le texte répare cette lacune.

PARIS. — J. CLAYE, IMPRIMEUR, 7, RUE SAINT-BENOIT. — (·99)

ARCHITECTURE ROMANE

H. REVOIL DEL.

A. MOREL, Éditeur

FENÊTRE ROMANE (INTÉRIEUR.)

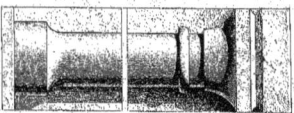

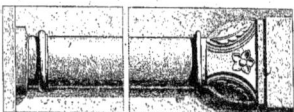

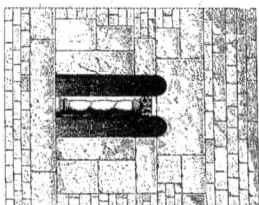

COLONNES DES FENÊTRES CI-CONTRE
AU 10e

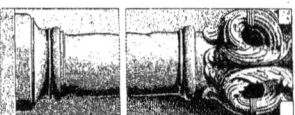

FACE INTÉRIEURE ET COUPE D'UNE CONSTRUCTION ROMANE
DANS UNE DES ARCADES DE LA GALERIE DU 1er ÉTAGE

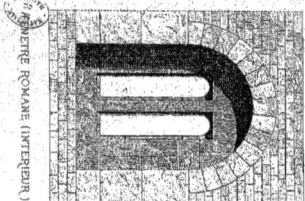

Échelle de 0,00 pr mètre.

0   1   2   3   4   5 Mètres

COLONNE DE LA FENÊTRE CI-DESSOUS (FACE ET PROFIL)
AU 10e

FENÊTRE ROMANE (EXTÉRIEUR)

ARÈNES DE NIMES

GARD

Imp. Lemercier et Cie Paris.

J. DE CARDEA SC

DÉTAIL D'UNE FENÊTRE

Echelle de   5e cent.   1 Mètre.

H. REVOIL DEL.   CHAPPUIS SC.

MAISON ROMANE A NÎMES
(GARD)

A. MOREL Editeur   Imp. Lemercier Paris

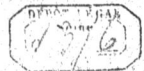

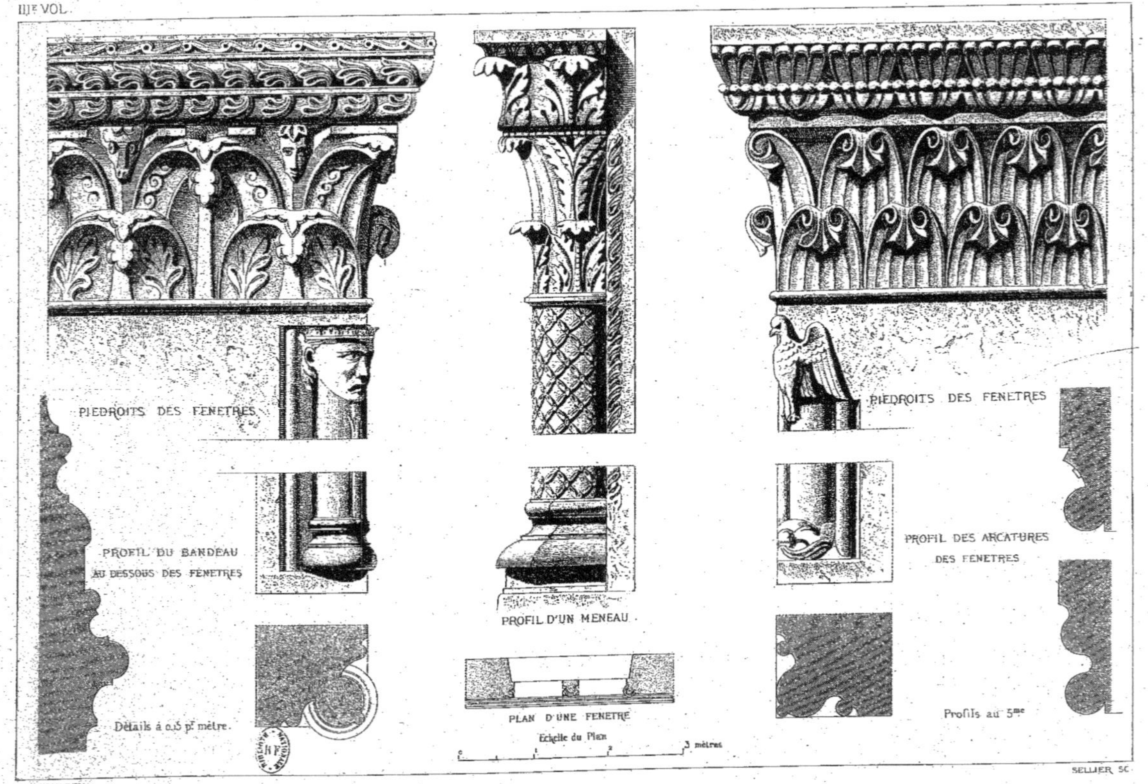

ARCHITECTURE ROMANE

PIEDROITS DES FENETRES

PROFIL DU BANDEAU AU DESSOUS DES FENETRES

Détails à 0.05 p.r. mètre.

PROFIL D'UN MENEAU

PLAN D'UNE FENETRE
Échelle du Plan

PROFIL DES ARCATURES DES FENETRES

PIEDROITS DES FENETRES

Profils au 5.me

MAISON ROMANE A NIMES

(GARD)

A. MOREL, Éditeur.

Imp. Lemercier et C.ie Paris.

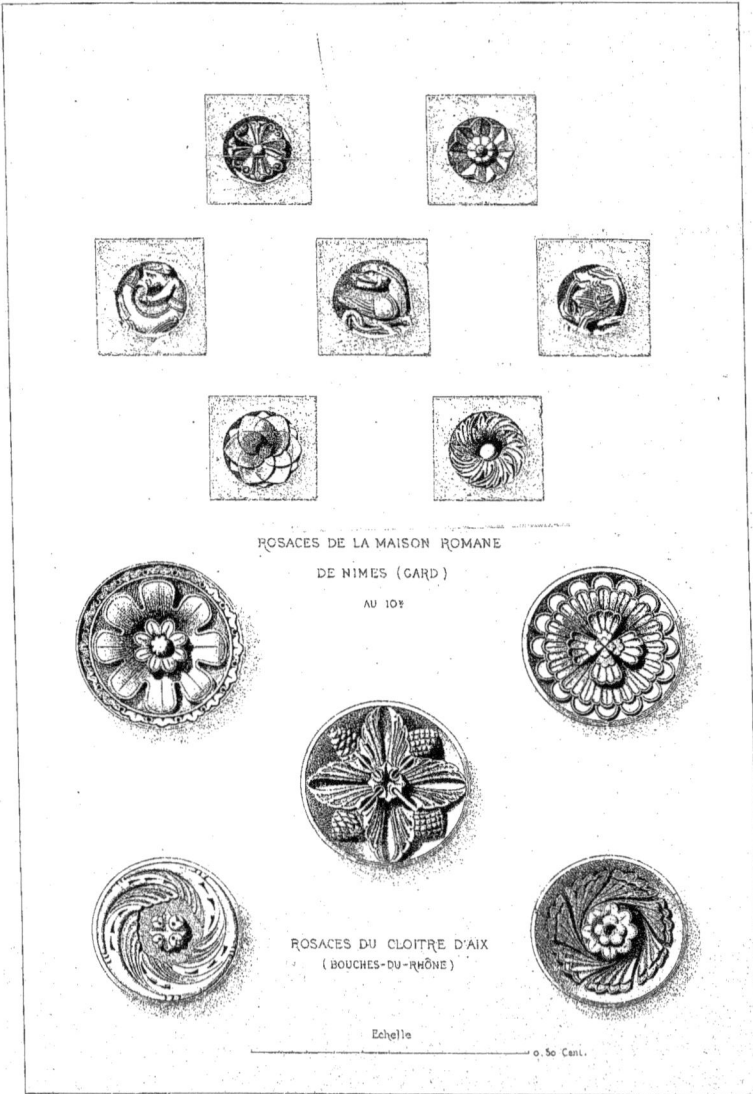

ROSACES DE LA MAISON ROMANE

DE NIMES (GARD)

AU 10ᵉ

ROSACES DU CLOITRE D'AIX

(BOUCHES-DU-RHÔNE)

Echelle

0.50 Cent.

H. REVOIL DEL.
FELIX PENEL SC.

SCULPTURES

A. MOREL_Editeur.
Imp. Lemercier et Cⁱᵉ Paris

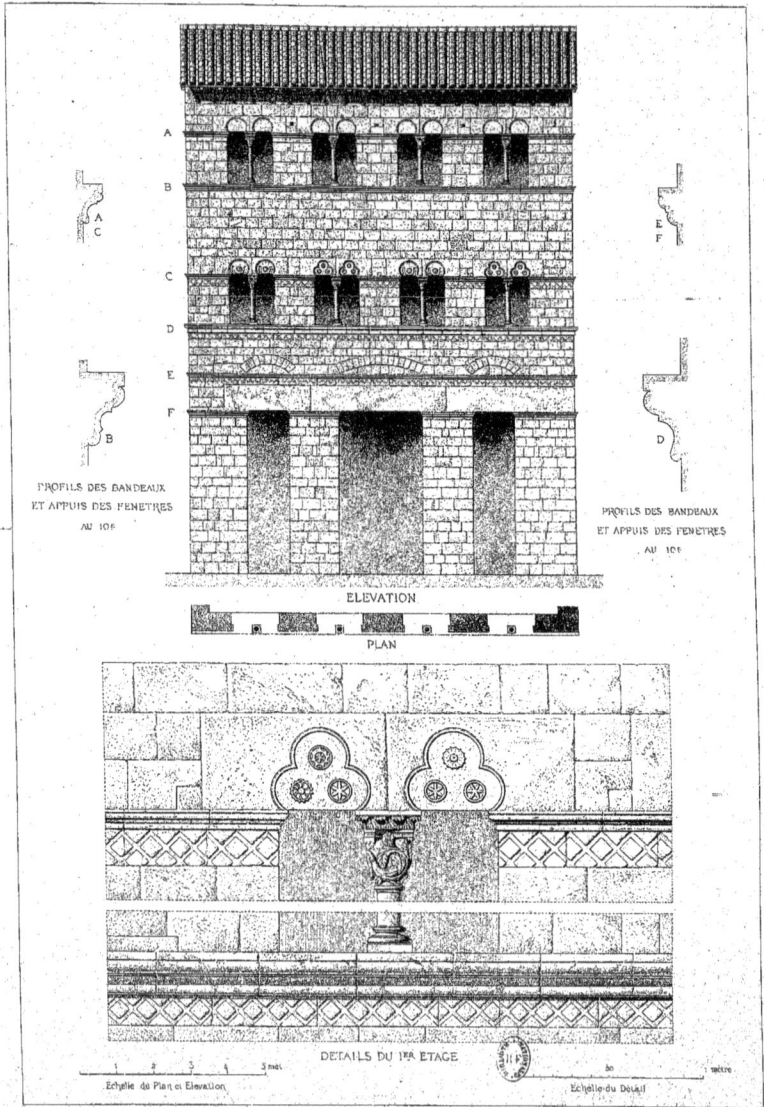

ELEVATION

PLAN

PROFILS DES BANDEAUX
ET APPUIS DES FENETRES
AU 10ᵉ

PROFILS DES BANDEAUX
ET APPUIS DES FENETRES
AU 10ᵉ

DETAILS DU 1ᵉʳ ETAGE

Echelle du Plan et Elevation

Echelle du Detail

H. REVOIL DEL.   CH. BURY SC.

MAISON A Sᵗ GILLES
(GARD)

A. MOREL, Editeur   Imp. Lemercier et Cⁱᵉ Paris.

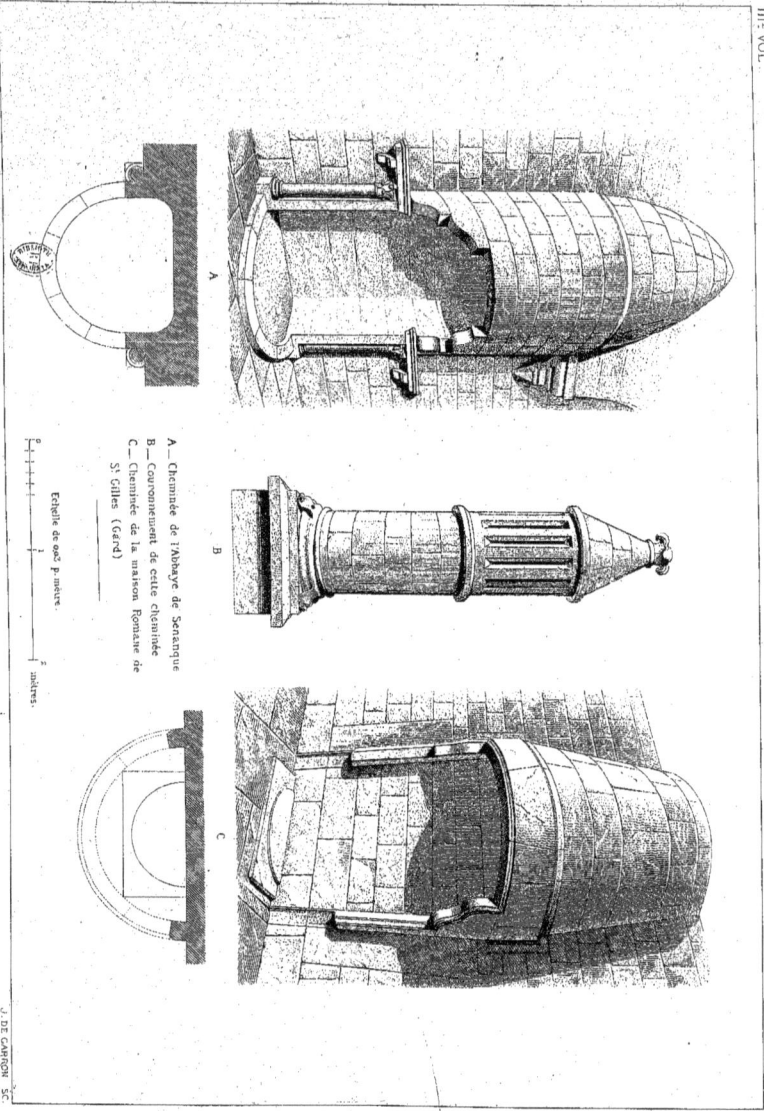

ARCHITECTURE ROMANE

H. REVOIL DEL.

A. MOREL, Editeur.

A

B

C

A.— Cheminée de l'Abbaye de Senanque
B.— Couronnement de cette cheminée
C.— Cheminée de la maison Romane de
       St Gilles (Gard)

Echelle de 0ᵐ02 p. mètre.

0   1   2 mètres.

CHEMINEES

J. DE CARON SC.

Imp Lemercier et Cⁱᵉ Paris

VUE EXTERIEURE DE LA SALLE EN ROTONDE (ETAT ACTUEL)

PLAN GENERAL DU CHATEAU
(ETAT ACTUEL)

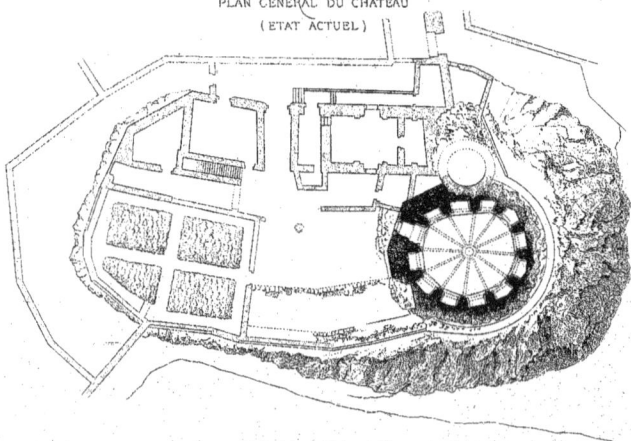

Echelle de 0,0085 pour 1 mètre

0   5   10   20   30   40 mètres.

H. REVOIL DEL.   DUPOND SC.

CHATEAU DE SIMIANE
(BASSES-ALPES)

A. MOREL. Editeur.   Imp. Lemercier et Cⁱᵉ Paris.

COUPE TRANSVERSALE
SUR L'AXE DE LA PORTE PRINCIPALE

Echelle de 0.01 pour 1 mètre

10 mètres

CHATEAU DE SIMIANE
(BASSES-ALPES)

A. MOREL, Editeur.   Imp. Lemercier et Cⁱᵉ Paris.

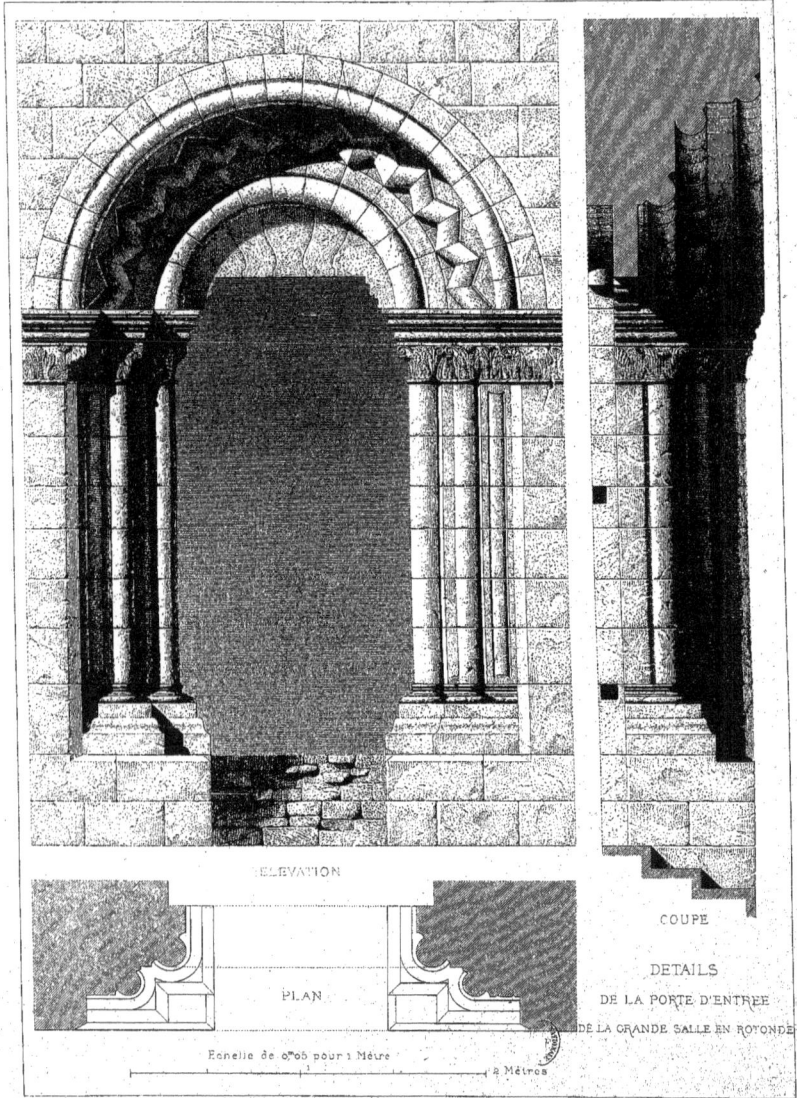

ÉLÉVATION

COUPE

PLAN

DÉTAILS
DE LA PORTE D'ENTRÉE
DE LA GRANDE SALLE EN ROTONDE

Échelle de 0ᵐ06 pour 1 Mètre

2 Mètres

H. REVOIL. DEL.

BURY SC.

CHATEAU DE SIMIANE
(BASSES-ALPES)

A. MOREL, ÉDITEUR.

Imp. Lemercier et Cⁱᵉ Paris.

ARCHITECTURE ROMANE

DÉTAILS INTÉRIEURS DE

LA SALLE EN ROTONDE

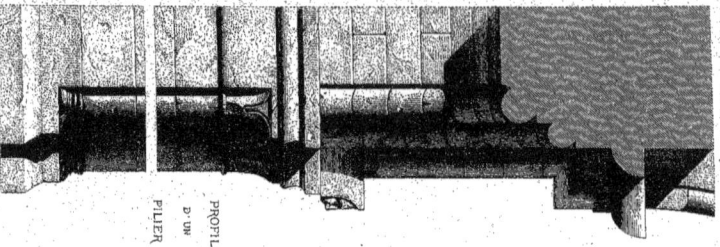

PROFIL
D' UN
PILIER

CHAPITEAUX DES PILIERS (AU 10e)

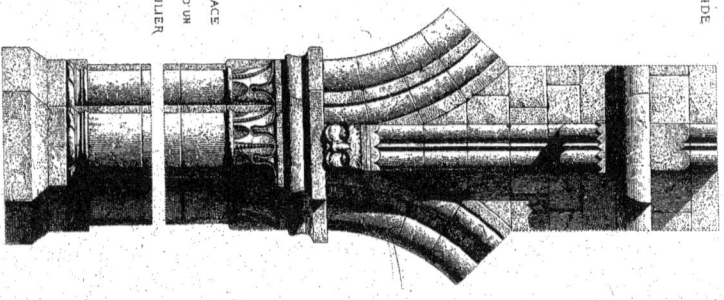

FACE
D' UN
PILIER

CHATEAU DE SIMIANE

(BASSES-ALPES)

Échelle des Ensembles à 0,05 pour 1 mètre

3 mètres

A ST PAUL DE MAUSOLE

A MARGUERITES

A MONTMAJOUR

A ST TROPHIME

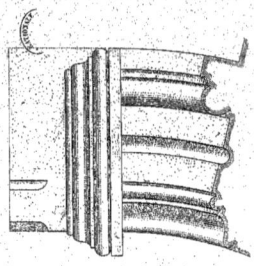

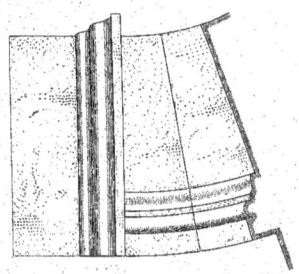

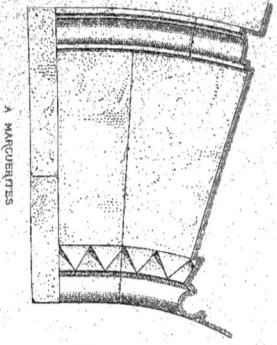

DÉTAILS ET PROFILS
D'ARCHIVOLTES DE PORTES

PORTES

A ST PAUL DE MAUSOLE

Echelle à 0.10 p.metre

0 10 20 30 40 50 60 70 80 90   1 Mètre

A. MOREL Editeur

.... DEL.

CL. SAUVAGEOT SC.

Imp Lemercier Paris

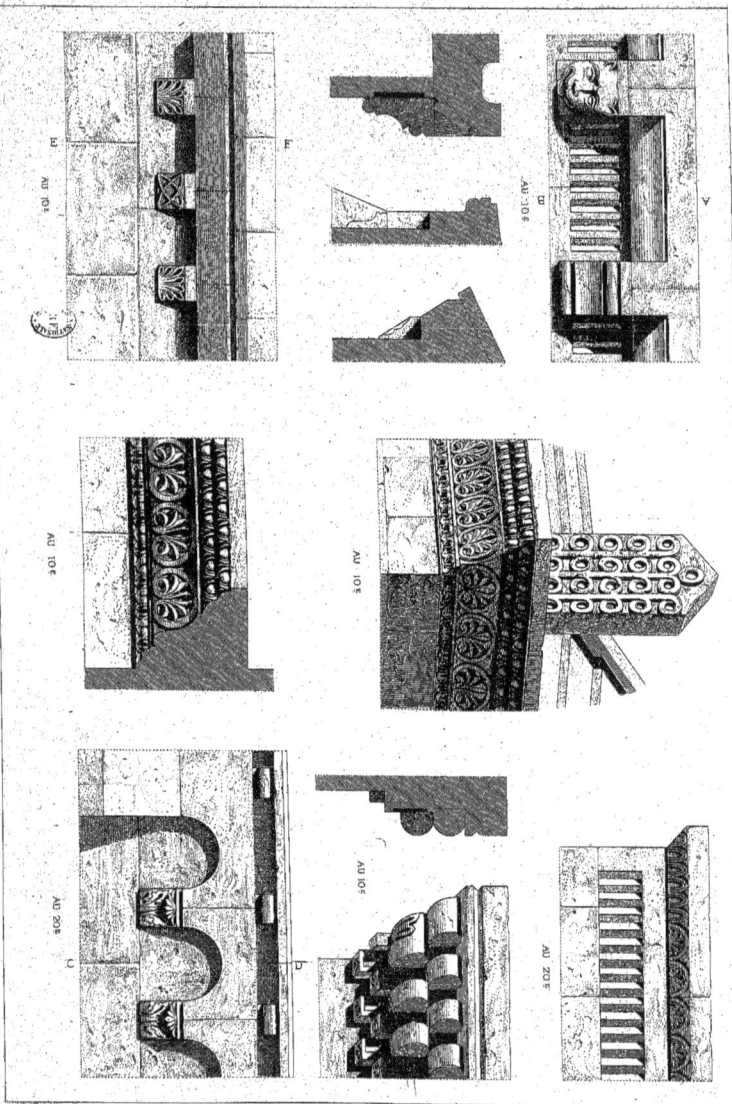

ARCHITECTURE ROMANE

CORNICHES.

III.ᵉ VOL.

PL. XII.

AU 10.ᵉ

AU 10.ᵉ

AU 10.ᵉ

AU 10.ᵉ

AU 20.ᵉ

AU 10.ᵉ

AU 20.ᵉ

CORNICHE DES BAS-COTES DE L'EGLISE DE VAISON
(VAUCLUSE)

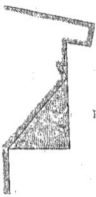

PROFIL DE LA CORNICHE
DE VAISON (AU 20ᵉ)

PROFIL DE LA CORNICHE
DE ST TROPHIME (AU 20ᵉ)

CORNICHE DE L'EGLISE DE ST TROPHIME, A ARLES

H. REVOIL DEL.   BURY SC.

CORNICHES

A. MOREL, Editeur.   Imp. Lemercier et Cⁱᵉ Paris.

ELEVATION DE LA CREDENCE

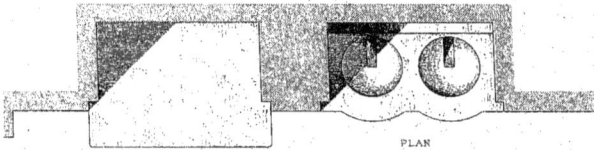

PLAN

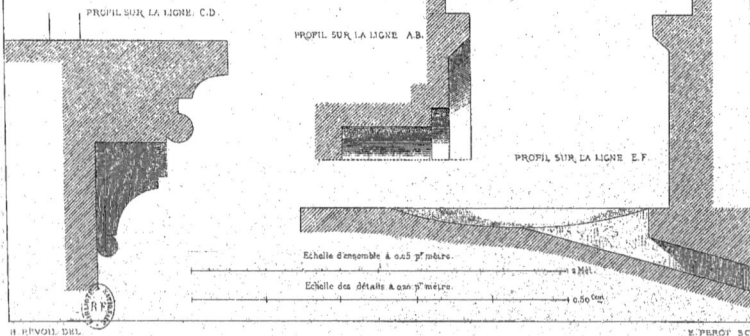

PROFIL SUR LA LIGNE. C.D.

PROFIL SUR LA LIGNE. A.B.

PROFIL SUR LA LIGNE. E.F.

Echelle d'ensemble à 0,05 p. mètre.

Echelle des détails à 0,20 p. mètre.

H. REVOIL DEL.   E. PEROT SC.

EGLISE DE St PONS

A. MOREL et Cᵉ Editeurs.   Imp. Lemercier Paris.

BANDEAUX

A.B_ Bandeaux de la nef de Sᵗ Sauveur
d'Aix (Bouches du Rhône)
C.D_ Bandeaux de la nef de l'Eglise de
Bonnieux (Vaucluse)
E_ Colonne cantonnée de l'abside de
l'Eglise de Saignon (Vaucluse)
E_ Colonne de l'abside de la Chapelle
du Pont Sᵗ Benezet, à Avignon

BANDEAUX AU 5.ᵉ D'EXECUTION

CHAPITEAUX AU 10.ᵉ D'EXECUTION

Hⁿᵉ REVOIL DEL.   H. SELLIER SC.

MOULURES ET SCULPTURE.

Vᵉ A. MOREL et Cⁱᵉ Editeurs   Imp. Lemercier et Cⁱᵉ Paris

ARCHITECTURE ROMANE.

DÉTAILS DU PORTAIL

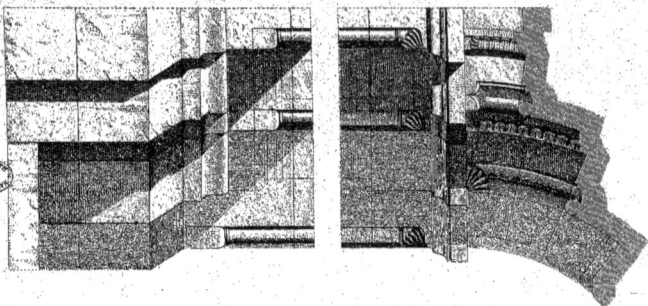

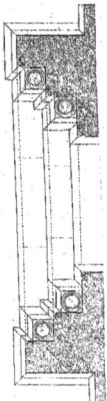

A B PROFIL ET FACE D'UN ARC DOUBLEAU INTÉRIEUR.

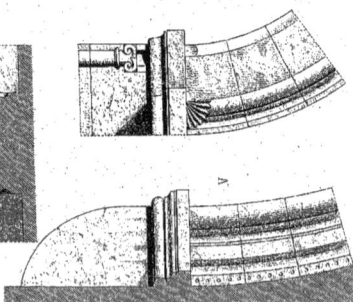

ÉLÉVATION DU PORTAIL

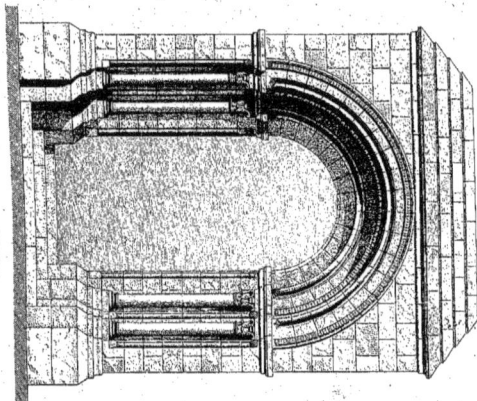

PLAN

Échelle des détails

1 metre

Échelle d'ensemble

3 metres

A. MOREL, Éditeur.

II. PROFIL, DÉL.

ÉGLISE DES BAUX

(BOUCHES DU RHONE)

Imp. Lemercier, Paris.

DE GISORS SC.

FRISE DU BAS-CÔTÉ DROIT

AU VIIᵉ D'EXECUTION

a . Faces des modillons de la corniche

b . Motifs des intervalles entre les modillons

DIVERS MOTIFS DE LA CORNICHE DES BAS-CÔTES

AU XIIᵉ D'EXECUTION

H. REVOIL DEL.　　　　　　　　　　　　　　　　　SELLIER SC.

CATHEDRALE DE VAISON

(VAUCLUSE)

A. MOREL, éditeur　　　　　　　　　Imp. Lemercier et Cᵉ Paris

A. Cloître de St Trophime d'Arles.—B.C. Cloître de St Sauveur d'Aix

AU TIERS D'EXÉCUTION

PILASTRES ORNÉS

D. RAYOL, DEL.

Imp Lemercier et Cie Paris

Libr. A. MOREL et Cie Éditeurs

SELLIER SC.

1RE COLONNE
A GAUCHE
AU VINGTIEME

2E COLONNE
A DROITE
AU VINGTIEME

PROFIL DU CINTRE
AU DESSUS DE LA
PLATE-BANDE

ELEVATION DE LA PORTE

PLAN

PROFIL ET FACE
DE L'ARCHIVOLTE
AU DIXIEME

Echelle de l'Elevation

0   1   2   3   Mètres

Echelle du Plan

0   1   2   3   4   5   6   Mètres

H. RIVOIL. DEL.

J. PENEL. SC.

PORTE DE N. D. DES ALISCAMPS, PRES ARLES

(BOUCHES-DU-RHONE)

A. MOREL. Editeur.

Imp. Lemercier. Paris.

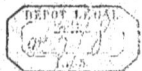

ÉLÉVATION DE L'ARC.

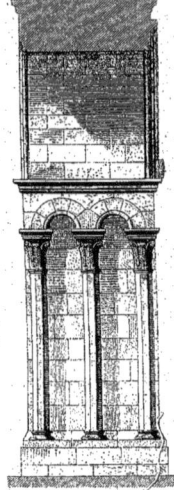

COUPE.

DÉTAILS

AU DIXIÈME D'EXÉCUTION

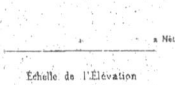

Échelle de l'Élévation

PLAN

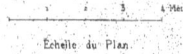

Échelle du Plan

H. RÉVOIL. DEL.   F. PENEL SC.

ARC A L'ENTRÉE DES ALISCAMPS, PRÈS ARLES
(BOUCHES-DU-RHÔNE)

A. MOREL. Editeur.   Imp. Lemercier. Paris.

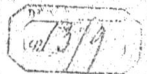

H. REVOIL DEL.

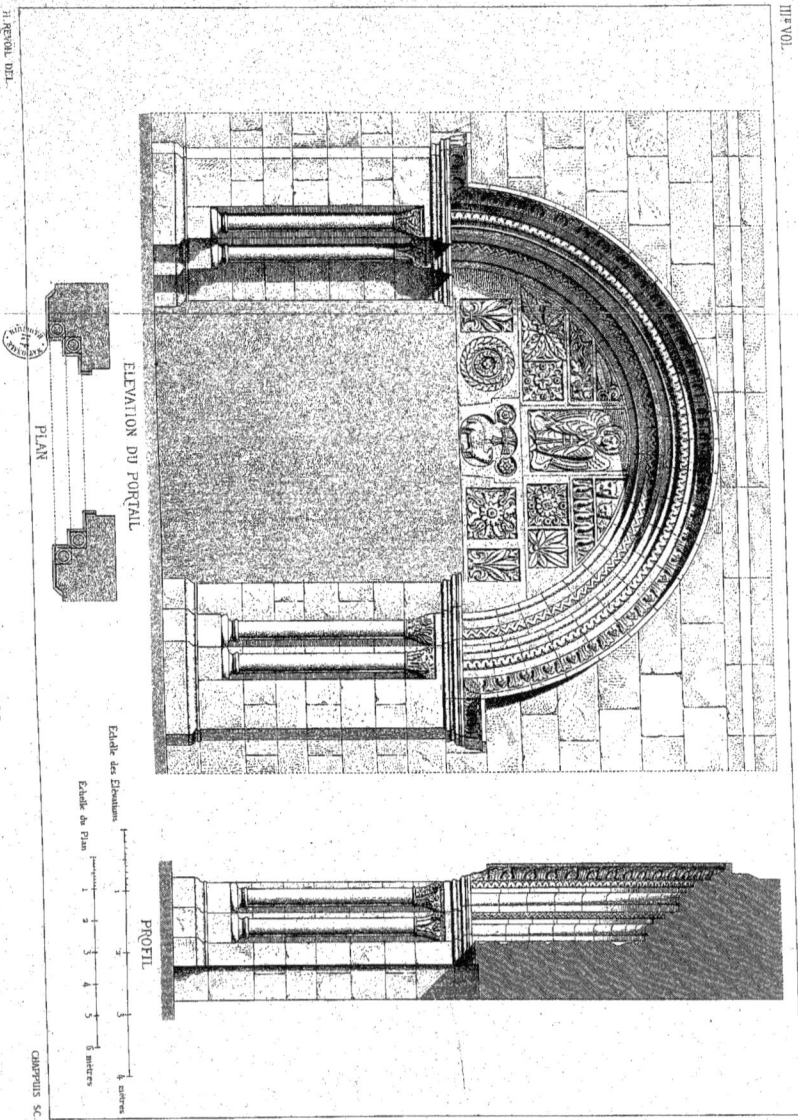

ELEVATION DU PORTAIL

PLAN

PROFIL

EGLISE ST MICHEL A SALON

(BOUCHES DU RHÔNE)

Echelle des Elévations

Echelle du Plan

1   2   3   4   5   6 metres

3   6 metres

CHAPPUIS SC.

Imp. Lemercier Paris.

ARCHITECTURE ROMANE

ELEVATION DU PORTAIL

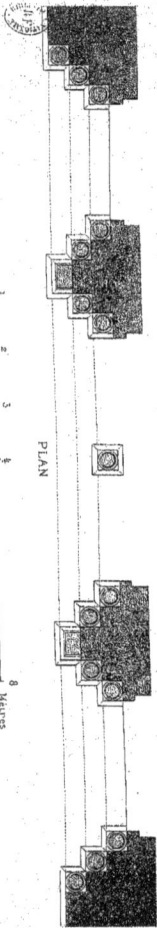

PLAN

Echelle de

Mètres

EGLISE DE St PONS

(HERAULT)

H. REVOIL DEL.

A. MOREL, editeur.

J. SULPIS SC.

Imp. Lemercier et Cie Paris

ELEVATION DE LA CREDENCE

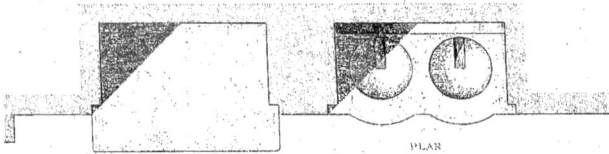

PLAN

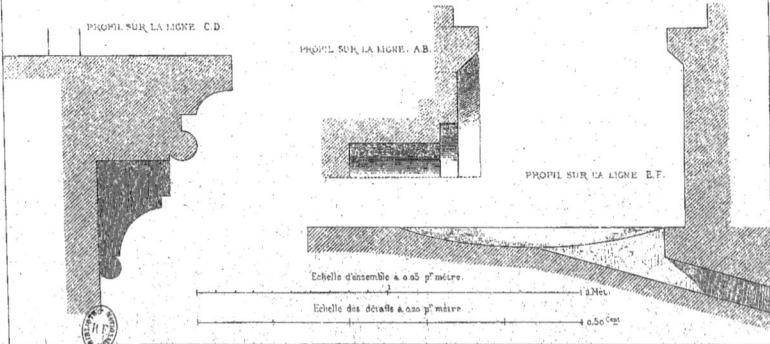

PROFIL SUR LA LIGNE C.D.

PROFIL SUR LA LIGNE. A.B.

PROFIL SUR LA LIGNE E.F.

Echelle d'ensemble à 0.05 p^m mètre.

Echelle des détails à 0.20 p^m mètre.

H. REVOIL DEL.   E. PEROT SC.

EGLISE DE St PONS

A. MOREL et Cie Éditeurs   Imp.Lemercier, Paris.

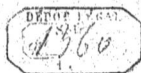

ELEVATION DU PORTAIL

PROFILS AU 5ᵐᵉ D'EXECUTION

A. Corniche de couronn.ᵗ du Portail

B. Archivolte_____ C.D. Impostes

E.F. Abaques des colonnes cantonnées

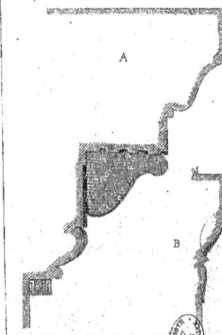

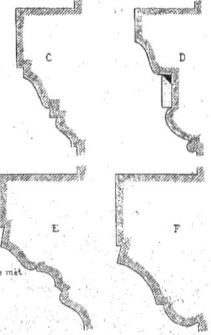

PLAN DU PORTAIL

Echelle de l'Elévation

Echelle du Plan

B. REVOIL DEL.   CH. BURY SC.

CATHEDRALE S.ᵗ SAUVEUR D'AIX
(BOUCHES-DU-RHÔNE)

A. MOREL Editeur   Imp. Lemercier et Cⁱᵉ Paris

Échelle de l'Élévation.

GRAND PORTAIL LATÉRAL.

Échelle du Plan.

PLAN

H. REVOIL DEL.

FELIX PENEL SC.

ÉGLISE Sᵗᵉ MARTHE, A TARASCON

(BOUCHES DU RHÔNE)

A. MOREL, Éditeur.

Imp. Lemercier Paris

DÉTAILS DE LA CORNICHE SUPÉRIEURE DU PORTAIL

DÉTAIL DU SOFFITE

Échelle de 0   10   20   30   40   5m   1 mètre

H. REVOIL DEL.   FÉLIX PENEL SC.

EGLISE Sᵀᴱ MARTHE A TARRASCON
(BOUCHES DU RHÔNE)

A. MOREL. Éditeur   Imp. Lemercier. Paris.

ARCHITECTURE ROMANE

A. MOREL, Éditeur.

H. REVOIL DEL.

ÉGLISE STE MARTHE A TARASCON

BOUCHES - DU - RHÔNE

DÉTAIL DE LA PARTIE INFÉRIEURE
DU PORTAIL LATÉRALE (CÔTÉ DROIT)
AU 10ᵉ

Imp. Lemercier et Cⁱᵉ Paris

J. SULPIS SC.

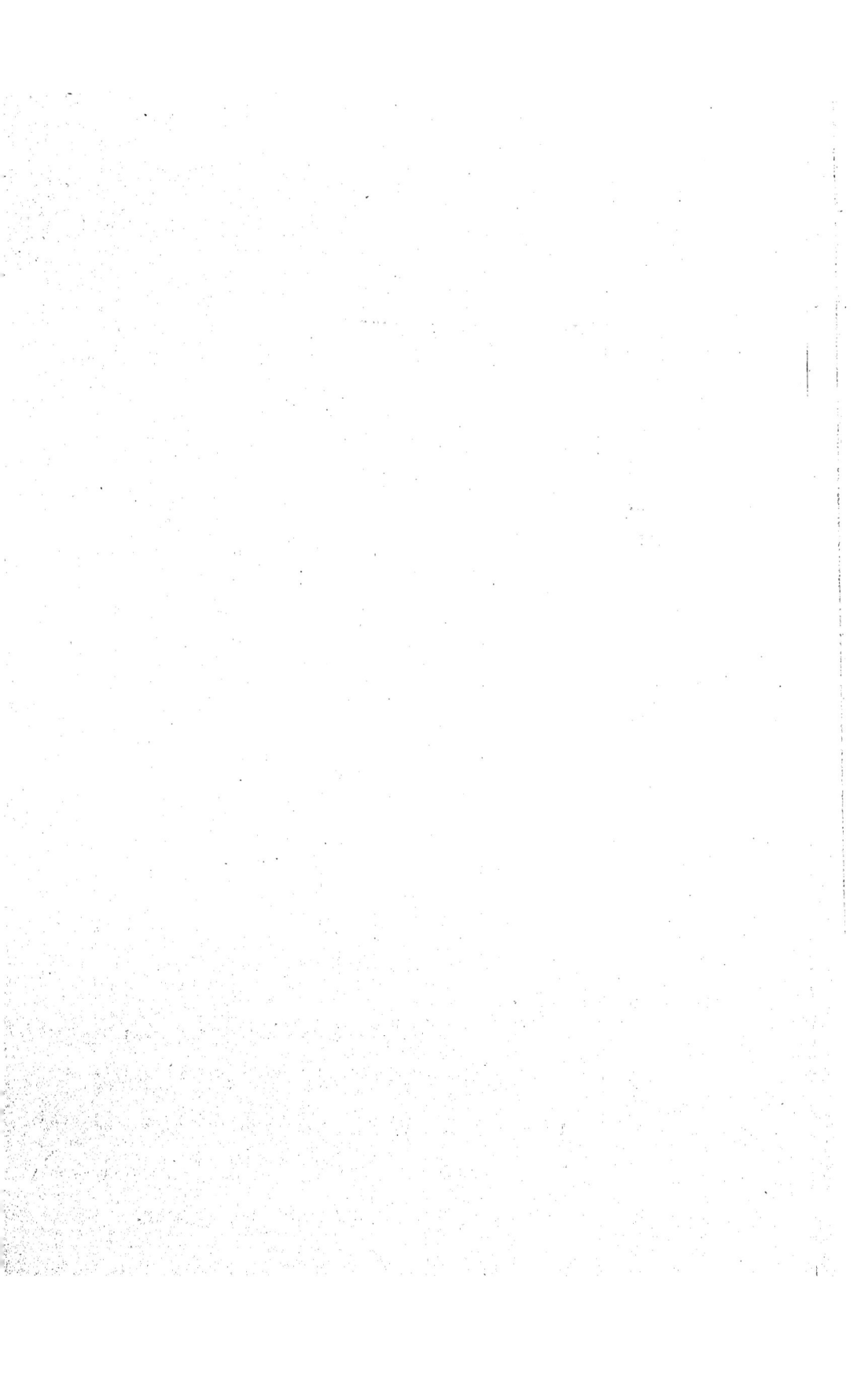

PROFIL DU PORTAIL DE Sᵗᵉ MARTHE

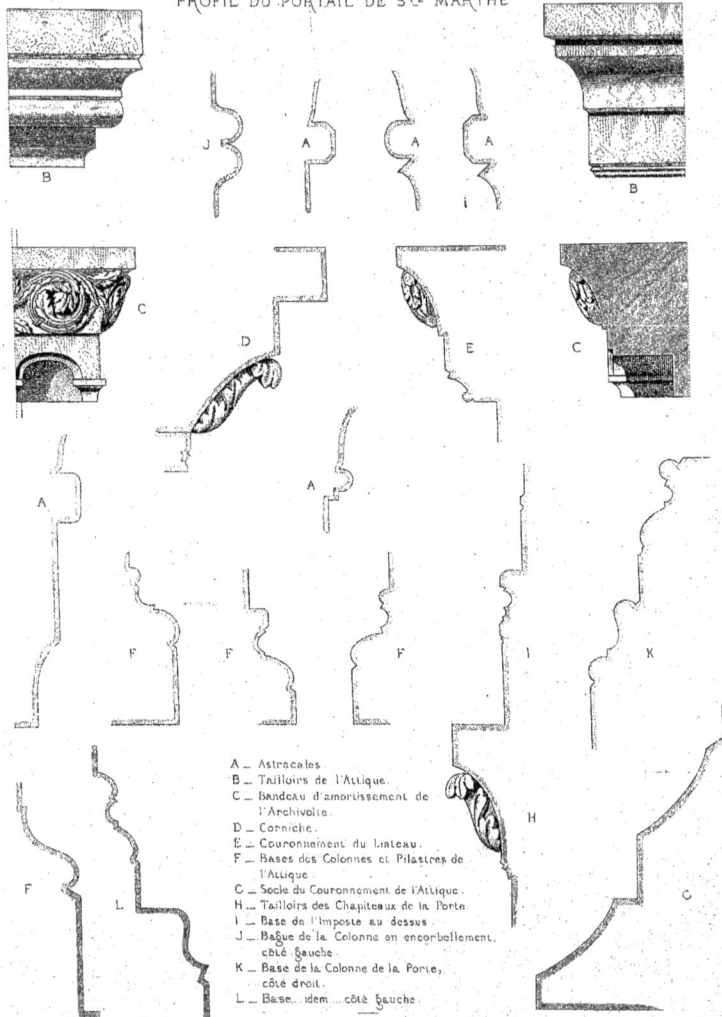

A — Astracales.
B — Tailloirs de l'Attique.
C — Bandeau d'amortissement de l'Archivolte.
D — Corniche.
E — Couronnement du Linteau.
F — Bases des Colonnes et Pilastres de l'Attique.
G — Socle du Couronnement de l'Attique.
H — Tailloirs des Chapiteaux de la Porte.
I — Base de l'Imposte au dessus.
J — Bague de la Colonne en encorbellement, côté gauche.
K — Base de la Colonne de la Porte, côté droit.
L — Base. idem .... côté gauche.

Les Profils A et J à 0ᵐ 50
les autres .... à 0. 20

H. REVOIL DEL.   C. SAUVAGEOT SC.

EGLISE DE Sᵗᵉ MARTHE A TARASCON.
(BOUCHES-DU-RHÔNE)

A. MOREL, Editeur.   Imp. Lemercier, Paris

DETAIL DU FRONTON
ET DE LA FAÇADE PRINCIPALE

Echelle de |———————|———————| Mètres

H. REVOIL DEL.   FÉLIX PENEL SC.

CATHEDRALE DE NIMES

A. MOREL, éditeur.   Imp. Lemercier et Cⁱᵉ Paris.

MOTIF DU RAMPANT DU FRONTON

MOTIF DU COURONNEMENT SOUS LE FRONTON

A

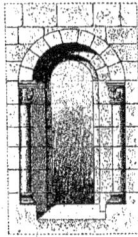

FACE ET PROFIL D'UNE FENÊTRE DE LA TOUR

B

A.B. CHAPITEAUX DE LA FENÊTRE
AU 6ᵉ

DÉTAILS DU FRONTON
AU 5ᵉ

Échelle de la fenêtre

3 mètres

H. REVOIL DEL.   SELLIER SC.

CATHÉDRALE DE NIMES
GARD

A. MOREL _ Éditeur.   Imp Lemercier et Cⁱᵉ Paris.

PORTE PRINCIPALE

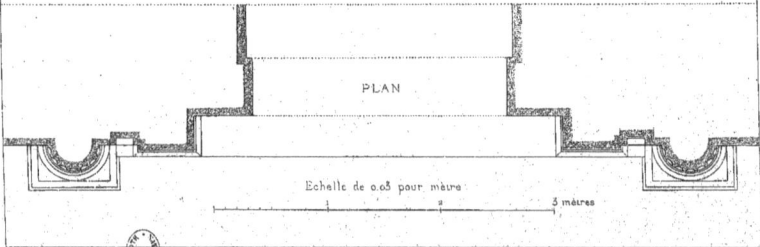

PLAN

Echelle de 0.05 pour mètre

3 mètres

H. REVOIL DEL.   FELIX PENEL SC.

EGLISE DE Sᵀ PAUL-TROIS-CHATEAUX
(DRÔME)

A. MOREL, Editeur.   Imp. Lemercier et Cⁱᵉ Paris.

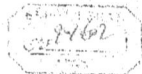

DETAIL ET PROFIL
DE L'ARCHIVOLTE DE LA
PORTE PRINCIPALE
AU 5ᵉᵐᵉ

EGLISE DE Sᵀ PAUL-TROIS-CHATEAUX
DROME

M. REVOIL DEL.

A. MOREL, Editeur.

FELIX PENEL. SC.

PROFILS ET ELEVATION D'UNE TRAVEE EXTERIEURE DE LA GRANDE NEF

DETAIL DE LA CORNICHE DE COURONNEMENT CI-DESSUS AU 20ᵉ

Echelle de l'Elévation

Mètres

H. REVOIL DEL.

J. PENEL SC.

EGLISE DE Sᵗ PAUL-TROIS-CHATEAUX
(DRÔME)

A. MOREL, éditeur.

Imp. Lemercier et Cⁱᵉ Paris.

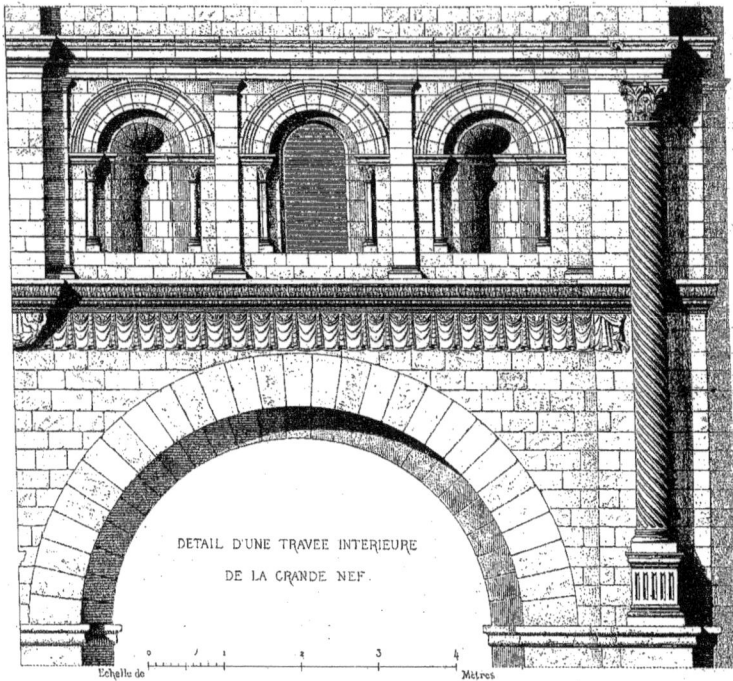

DETAIL D'UNE TRAVEE INTERIEURE
DE LA GRANDE NEF.

Echelle de   0   1   2   3   4   Mètres

DETAIL DE LA CORNICHE AU DESSOUS DES ARCATURES (AU 10ᵉ DE L'EXECUTION)

H. REVOIL. DEL.   J. SULPIS. SC.

EGLISE DE Sᵀ PAUL-TROIS-CHATEAUX
(DRÔME)

A. MOREL _ Editeur   Imp. Lemercier et Cⁱᵉ Paris.

A. MOREL, Éditeur

H. REVOIL DEL.

CH. BURY SC.

Imp. Lemercier et Cie Paris

COUPE LONGITUDINALE DU PORCHE

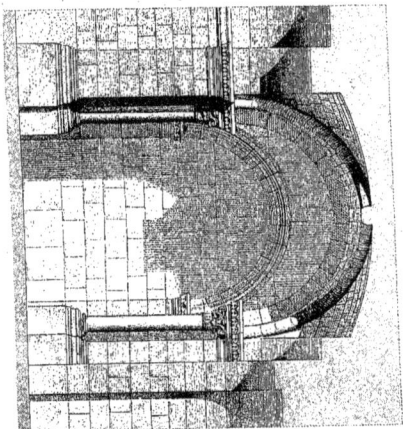

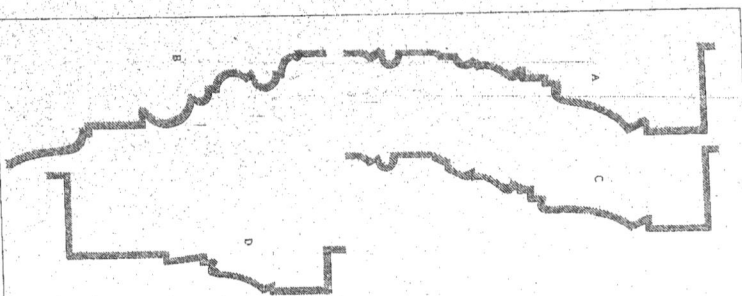

PLAN DU PORCHE

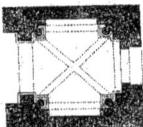

A.—Chapiteau du Piédroit
de l'arc d'entrée
B.—Base de ce Piédroit
C.—Imposte de l'arcature
latérale
D.—Archivolte de
cette arcature

Profils divers extérieurs
E.F.—Impostes
G.—Archivolte
H.—Base des Pilastres
de la porte principale

Échelle de la Coupe

Échelle de Plan _____ 12 mètres _____ 6 mètres

Échelle de 0,20 p. mètre

EGLISE DE ST PAUL-TROIS-CHATEAUX
(DRÔME)

ENSEMBLES ET DÉTAILS

DU CLOCHER

DE L'ÉGLISE DE SILVACANNE

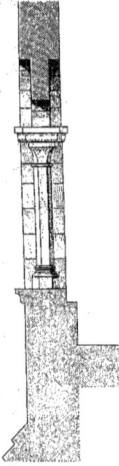

COUPE

ÉLÉVATION DU CLOCHER

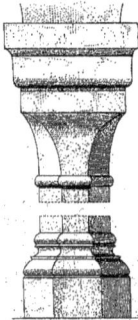

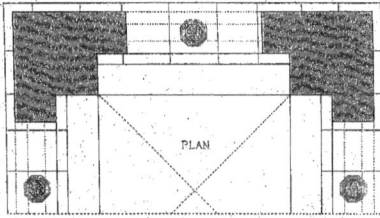

PLAN

Échelle des Ensembles

Échelle des détails

DÉTAIL DE LA COLONNE

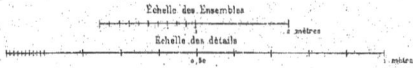

H. REVOIL, DEL.

SAUVAGEOT, SC.

ÉGLISE ABBATIALE DE SILVACANNE
(BOUCHES DU RHÔNE)

A. MOREL, Éditeur.

Imp. Lemercier, Paris.

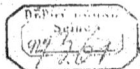

ELÉVATION DU CLOCHER

PROFIL

PROFIL
DE LA CORNICHE

A⋯   ⋯B

PROFIL DES PETITES
ARCADES

COLONNE DE L'ARCADE
DU CLOCHER

COLONNETTE D'ANGLE

PLAN
SUR A B

Echelle des ensembles   Echelle des détails

CLOCHER DE LA CHAPELLE DE BEAUCAIRE
(GARD)

A MOREL, Editeur.   Imp Lemercier, Paris.

ELEVATION DES FACES SUD ET SUD-OUEST

MOTIF D'ANGLE DE LA CORNICHE

COLONNE DES ARCATURES
AU 10°

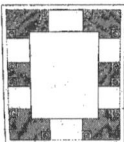

PLAN

COLONNE DES ARCATURES
AU 10°

Echelle des Elévations   PLAN   Echelle du Plan

H. REVOIL DEL.   J. DE GARRON SC.

CLOCHER DE L'EGLISE DE VAISON
VAUCLUSE

A. MOREL, Editeur   Imp. Lemercier et C° - Paris.

PROFILS DES CORDONS A B

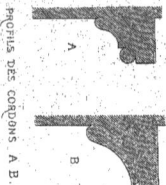

A

B

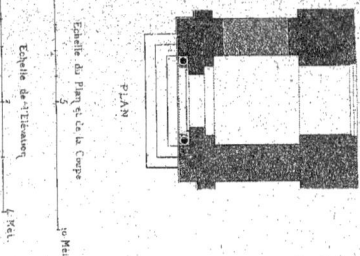

PLAN

Échelle du Plan et de la Coupe

Échelle de l'Élévation

H. REVOIL DEL.

L'OPPEL Éditeur

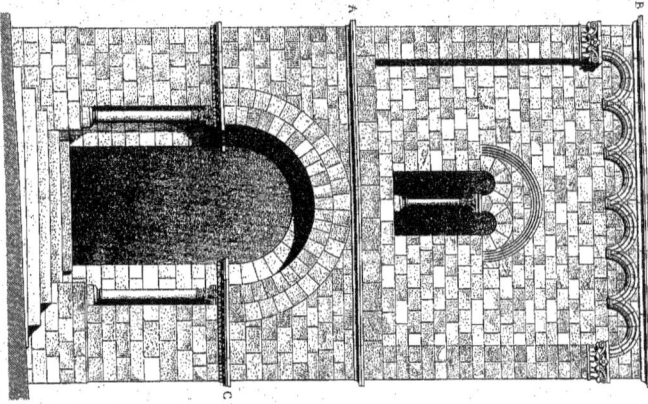

ÉLÉVATION DU CLOCHER

A

B

C

CLOCHER DE St LAURENT DE SALON
(BOUCHES-DU-RHÔNE)

COUPE.

CHAPPUIS SC.

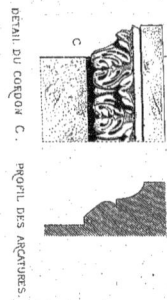

DÉTAIL DU CORDON C.

PROFIL DES ARCATURES.

C

Imp. Lemercier et Cᵉ Paris

ARCATURES DU 5ᵉ ETAGE

CORNICHE DE COURONNEMENT

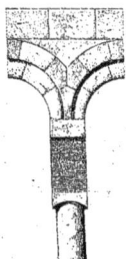

COLONNE DE FACE

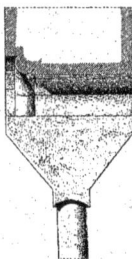

COLONNE DE PROFIL

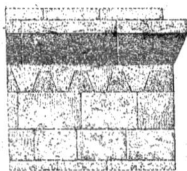

CORDON DU 1ᵉ ETAGE

ELEVATION DE LA TOUR

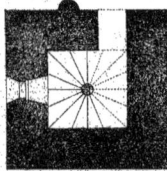

PLAN

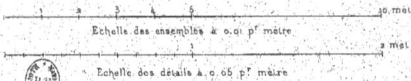

Echelle des ensembles à 0.01 p⁴ mètre

Echelle des détails à 0.05 p⁴ mètre

H. REVOIL DEL.   CH. BURY SC.

CLOCHER DIT TOUR DE PUISALICON
(HERAULT)

A. MOREL, Editeur.   Imp. Lemercier et Cⁱᵉ Paris.

VUE INTÉRIEURE DU PORCHE SOUS LE CLOCHER (CÔTÉ GAUCHE)

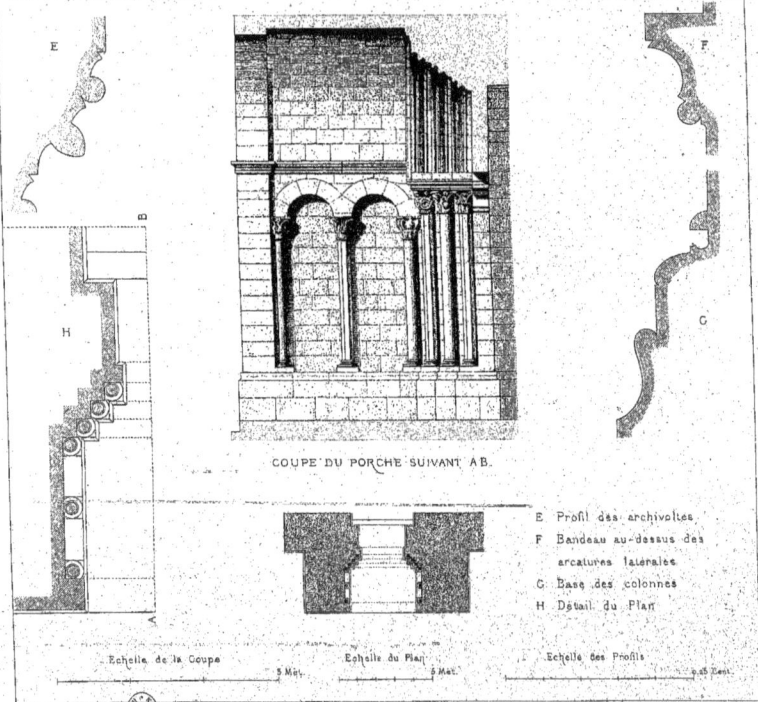

E

F

B

H

G

A

COUPE DU PORCHE SUIVANT A B.

E Profil des archivoltes.
F Bandeau au-dessus des
   arcatures latérales.
G Base des colonnes
H Détail du Plan

Echelle de la Coupe   Echelle du Plan   Echelle des Profils
                    5 Mèt.   5 Mèt.   0,25 Cent.

H. REVOIL DEL.   CH. BURY SC.

ÉGLISE Ste MARTHE A TARASCON
(BOUCHES-DU-RHÔNE)

A. MOREL _ Editeur.   Imp. Lemercier et Cie. Paris.

H. REVOIL DEL.

A. MOREL, Éditeur

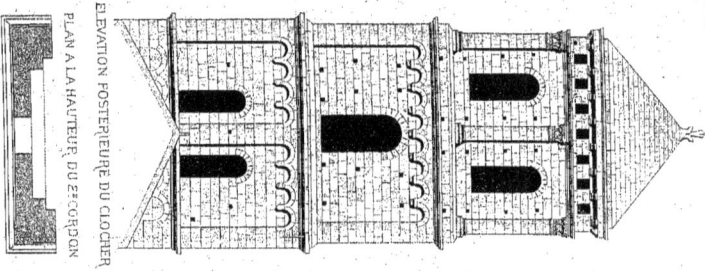

DÉTAIL DU 1ᵉʳ CORDON

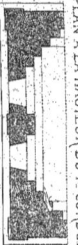

Échelle des détails

a Mètres

PLAN A LA HAUTEUR DU 1ᵉʳ CORDON

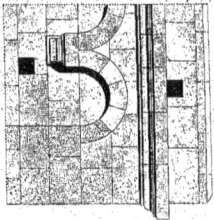

DÉTAIL DU 2ᵉ CORDON

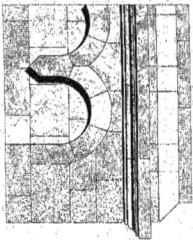

ÉLÉVATION POSTÉRIEURE DU CLOCHER

PLAN A LA HAUTEUR DU 2ᵉ CORDON

CLOCHER DE Sᵗ TROPHIME D'ARLES

(BOUCHES DU RHONE)

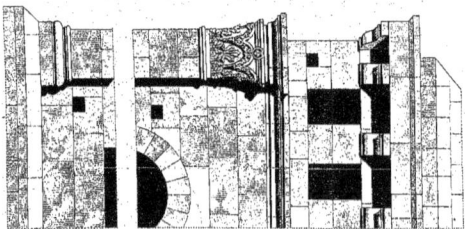

DÉTAIL DU COURONNᵗ SUPÉRIEUR

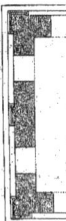

Échelle des Plans et Élévation :

8 Mètres

PLAN A LA HAUTEUR DU COURONNᵗ

Imp. Lemercier et Cⁱᵉ Paris

HIBOUET AÎNÉ SC.

PL. XLII

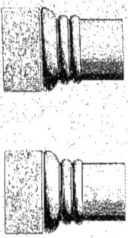

CHAPITEAUX ET BASES DES COLONNES

Échelle de 1 d'Élevation

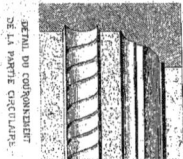

DÉTAIL DU COURONNEMENT
DE LA PARTIE CIRCULAIRE

PLAN
DE LA PARTIE CARRÉE

DÉTAIL AU DIXIÈME D'EXÉCUTION

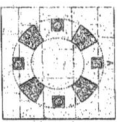

PLAN
DE LA PARTIE CIRCULAIRE

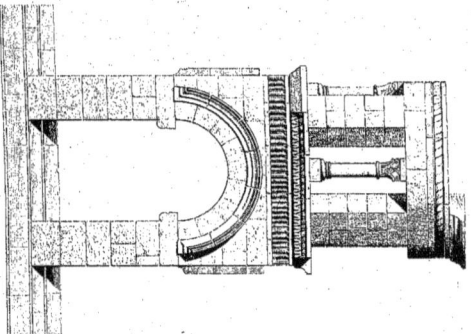

ÉLÉVATION LATÉRALE DU CLOCHER

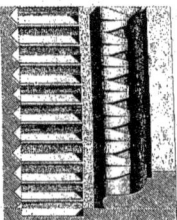

DÉTAIL DU PILASTRE A

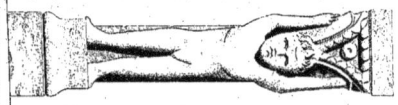

DÉTAIL DE LA CORNICHE CARRÉE

Échelle des Plans

CLOCHER DE L'ÉGLISE DE MOLLÉGÈS

(BOUCHES DU RHÔNE)

M. GEVDIL, DEL.

A. MOREL, Éditeur

CH. BURY, SC.

ÉLÉVATION DU CLOCHER

PLAN

CHAPITEAU DU 1er ÉTAGE

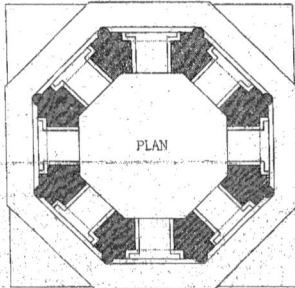

CHAPITEAU DU 2e ÉTAGE

Echelle du Plan

Echelle de l'Élévation

H. REVOIL DEL.

JULES PEREL SC.

NOTRE DAME DES ALISCAMPS PRÈS ARLES
(BOUCHES DU RHÔNE)

A. MOREL Éditeur.

Imp. Lemercier. Paris.

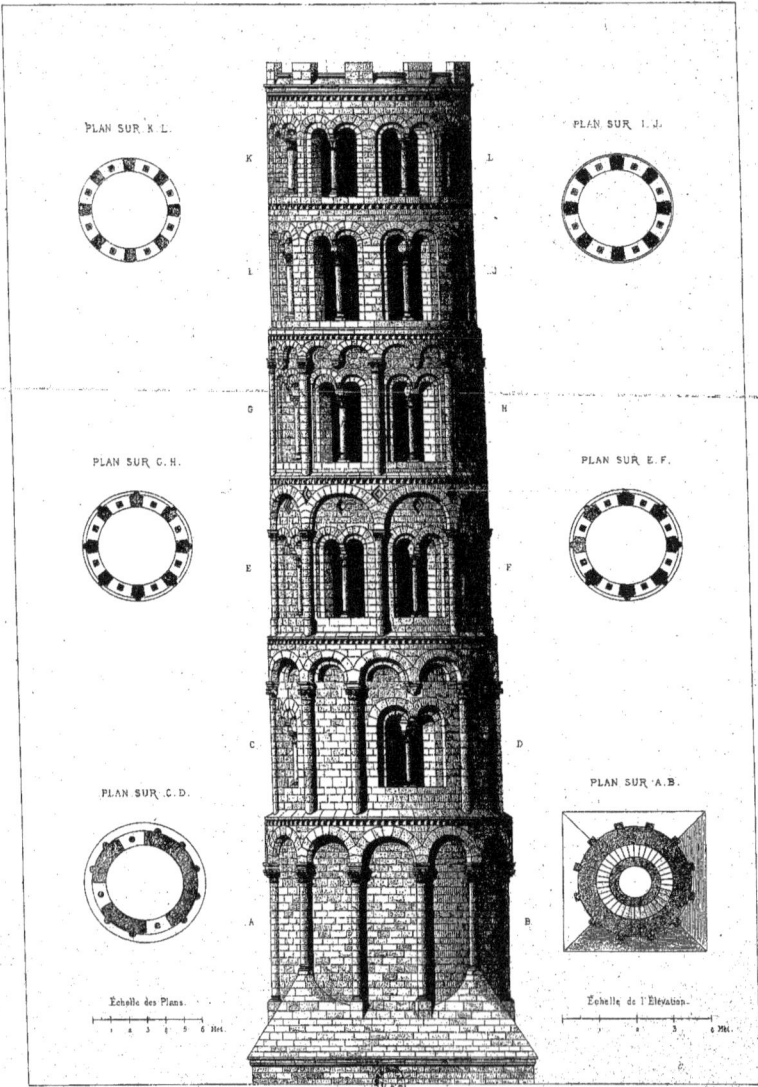

PLAN SUR K.L.　　　　PLAN SUR I.J.

PLAN SUR G.H.　　　　PLAN SUR E.F.

PLAN SUR C.D.　　　　PLAN SUR A.B.

Échelle des Plans.　　　　Échelle de l'Élévation.

H. REVOIL DEL.　　　　　　　　　　　　　　　　　　DOULLAY SC.

CLOCHER DE L'ÉGLISE D'UZÈS
(GARD)

A. MOREL, Éditeur　　　　　　　　　　　　　　Imp. Lemercier, Paris.

CHAPITEAUX ET BASES — AU 10ᵉ DE L'EXECUTION

Echelle de |0 10 20 30 40 50 60 70 80 90| Mètre

H. REVOIL DEL.

GUILLAUMOT PERE & FILS SC.

CLOCHER D'UZES

(GARD)

A. MOREL & Cᵉ Éditeurs.

Imp. Lemercier, Paris.

Echelle de ⊢——————⊣ mètres

DÉTAILS D'UNE MOITIE DES SIX ÉTAGES DU CLOCHER
SUIVANT LES PLANS D'ENSEMBLE

H. REVOIL DEL.   FELIX PENEL SC.

CLOCHER DE L'ÉGLISE D'UZÈS
(GARD)

A. MOREL _ Éditeur   Imp. Lemercier et Cⁱᵉ Paris.

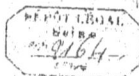

ARCHITECTURE ROMANE

A. STᵉ MARTHE A TARASCON
(BOUCHES DU RHONE)

B. ABBAYE DE LÉRINS (VAR)

C. ABBAYE DE THORONET (VAR)

D. N.D. DES DOMS A AVIGNON (VAUCLUSE)
(EN MARBRE BLANC)

E. ST MAURICE A VIENNE (ISÈRE)
DEVANT D'AUTEL ENCASTRÉ DANS UN MUR

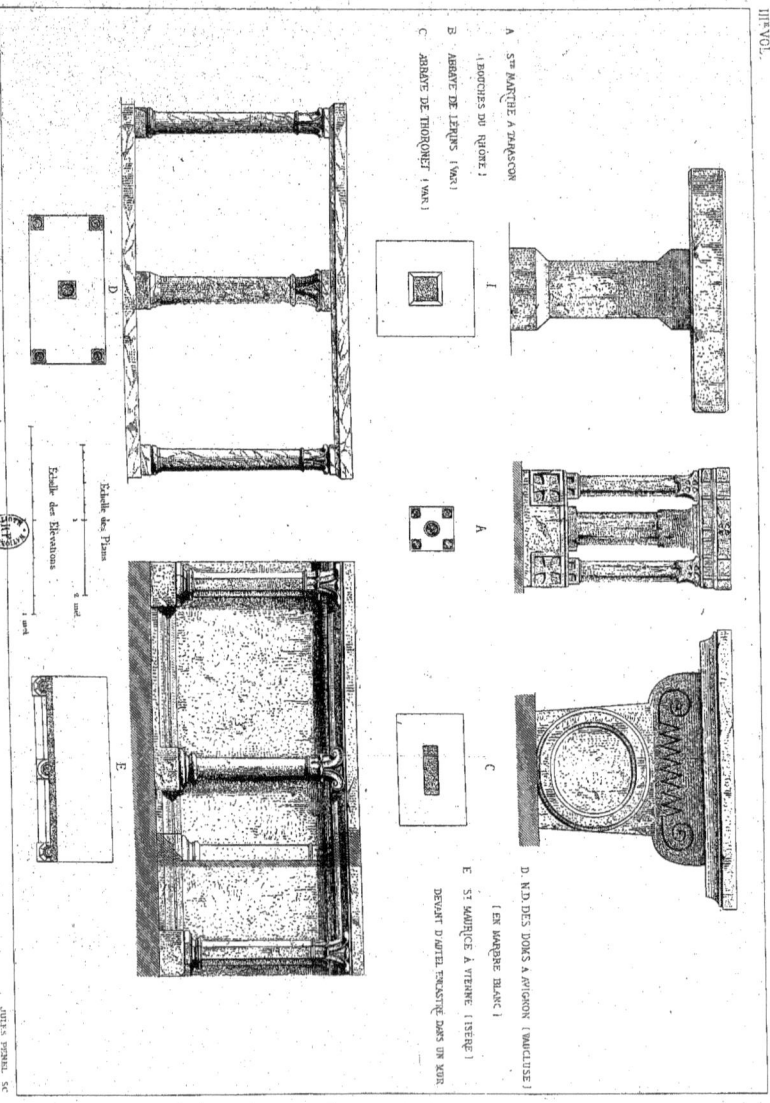
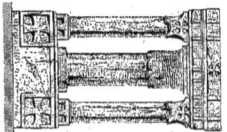
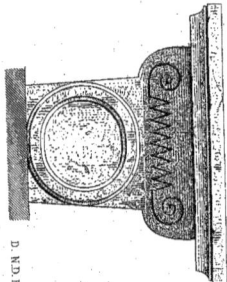

AUTELS DIVERS

Echelle des Plans

Echelle des Elevations

A. MOREL, Editeur

H. REVOIL DEL.

JULES PIGNOL SC.

DEVANT D'AUTEL EN MARBRE DES PYRENNÉES (blanc gris)

ÉLÉVATION

FACE DE GAUCHE

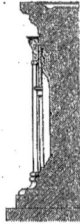

PROFIL
DANS L'AXE D'UNE NICHE

FACE DE DROITE

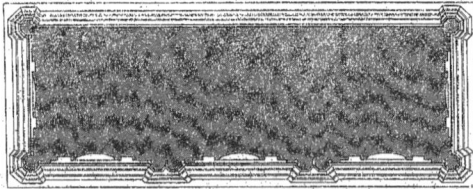

PLAN

Échelle de 0.05.ᵐᵐ p.ʳ mètre

CATHÉDRALE D'APT

(VAUCLUSE)

A. MOREL. Éditeur   Imp. Lemercier et Cⁱᵉ. Paris.

ELEVATION D'UNE PARTIE DE LA FACE PRINCIPALE   COUPE SUR C.D.

DÉTAILS

DE L'AUTEL

AU 5ᵉ Dᵉ EXÉCUTION

COUPE SUIVANT A.B.

H. REVOIL DEL.   CHAPPUIS SC.

CATHÉDRALE D'APT
(VAUCLUSE)

A. MOREL Éditeur.   Imp. Lemercier, Paris.

Face en longueur de la table de l'Autel de St.Quenin de Vaison

Face en largeur

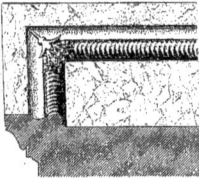

Profil et dessus de table en marbre gris (les Aires)

Profil et dessus de table de St.Quenin de Vaison

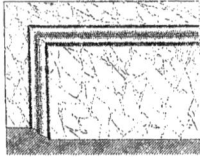

Profil et dessus de table en marbre (Vaucluse)

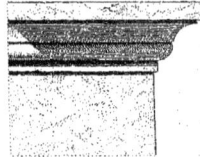

Table d'Autel a l'Abbaye de Lacalle

DEVANT D'AUTEL EN MARBRE BLANC AU MUSÉE D'AVIGNON
(la partie ombrée est seule conservée)

Echelle de   1 Mètre

E. REVOIL. DEL.   CHAPPUIS. SC.

AUTELS

A. MOREL, Éditeur.   Imp. Lemercier, Paris

AUTEL EN MARBRE BLANC A L'EGLISE DE NOTRE-DAME-DES-DOMS

FACE PRINCIPALE

A   PLAN   B

Echelle du Plan

PROFIL SUR LA FACE PRINCIPALE   FACE LATERALE   PROFIL SUR LA FACE LATERALE

Echelle des Elevations

FELIX PENEL Sc

EGLISE NOTRE-DAME-DES-DOMS A AVIGNON
(VAUCLUSE)

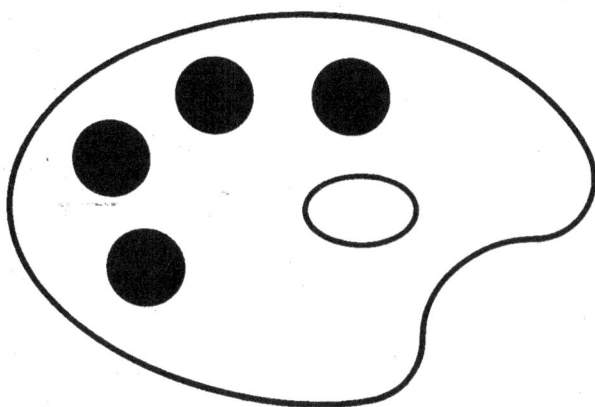

Original en couleur
NF Z 43-120-8

ELEVATION DE LA FACE PRINCIPALE AU 10me

Profil de la table   Dessous de la table d'Autel   Profil des encadrements
au 5me   au 5me

DETAIL DE LA BORDURE A 0.80e 1/2 NATRE

AUTEL DE L'ÉGLISE DE St GUILHEM DU DÉSERT (Hérault)

H. REVOIL DEL.   BAUDE LITH

PEINTURES MURALES

A. MOREL Éditeur   Imp. Lemercier & C.ie Paris

ARCHITECTURE ROMANE

A — Conservés au Musée de Toulouse

AU 1/3 D' EXECUTION

B — du Cloître de Moissac

ABAQUES ORNÉS DE DIVERS CHAPITEAUX

H. REVOIL, DEL.

A. MOREL, Éditeur

Imp. Lemercier et Cie, Paris

SELLIER, SC.

ARCHITECTURE ROMANE

SCULPTURES

A. B. CHAPITEAU ET BASE
DU CLOÎTRE ST SAUVEUR D'AIX
(BOUCHES-DU-RHÔNE)

C. PILASTRE FORMANT NICHE
AVEC VIERGE ASSISE
(MUSÉE DE TOULOUSE)

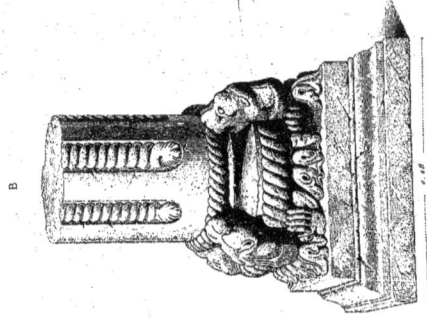

ARCHITECTURE ROMANE

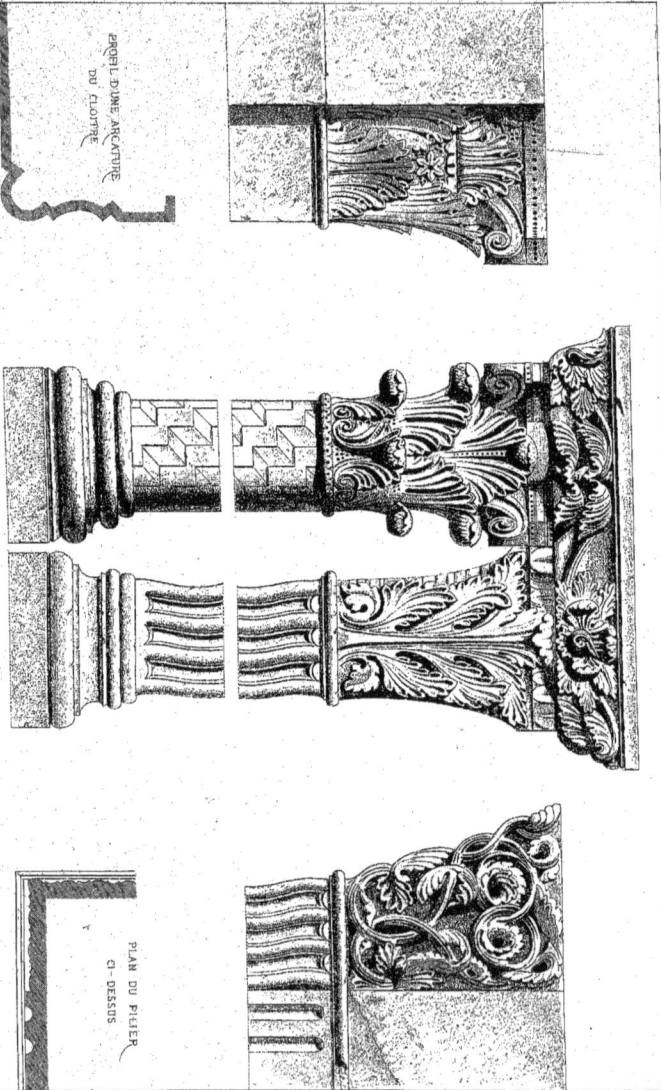

PROFIL D'UNE ARCATURE
DU CLOITRE

CHAPITEAUX ET COLONNES PROVENANT DU CLOITRE DE ST GUILLEM DU DESERT (HERAULT)

AU 5e D'EXECUTION

SCULPTURES.

PLAN DU PILIER
CI-DESSOUS

H. REVOIL DEL.

A. MOREL, éditeur

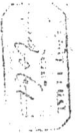

Imp. Lemercier et Cie Paris.

SELLIER SC.

CHAPITEAU PILASTRE

COLONNES ORNÉES ET FRAGMENT PROVENANT DU CLOITRE DE St GUILLEM.

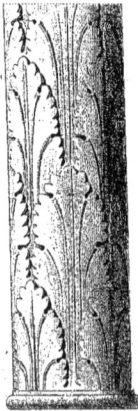

Echelle de |———————————————————————————| o.5o Cent.

H. REVOIL DEL.   BELLIER SC.

SCULPTURES

A. MOREL_éditeur.   Imp. Lemercier et Cⁱᵉ Paris.

CHAPITEAU PROVENANT DU CLOITRE DE Sᵀ GUILLEM (½ D'EXECUTION)

TAILLOIR PROVENANT DU CLOITRE D'ANIANE (HERAULT)

SCULPTURES

H. REVOIL DEL.   J. DE GARROR SC.

A. MOREL_Editeur.   Imp. Lemercier et Cⁱᵉ Paris.

CHAPITEAU EN PIERRE, ORNÉ DE LIONS ENCHAÎNÉS
AU MUSÉE DE TOULOUSE.

CHAPITEAU PILASTRE EN MARBRE BLANC AU MUSÉE D'AVIGNON
(MOITIÉ D'EXÉCUTION)

H. REVOIL DEL.   H. SELLIER SC.

SCULPTURE

Vᵉ A. MOREL et Cⁱᵉ Éditeurs   Imp. Lemercier et Cⁱᵉ Paris.

CHAPITEAUX DU CLOITRE DE St PAUL DE MAUSOLE A St REMY.

AU 10e D'EXÉCUTION

H. REVOIL DEL.   FELIX PENEL SC.

SCULPTURE

A. MOREL, Editeur   Imp. Lemercier et Cie Paris.

CHAPITEAU EN MARBRE BLANC AU MUSEE D'AVIGNON — (MOITIE D'EXᵗⁱᵒⁿ)

COURONNEMET DE PILE AU MUSEE DE TOULOUSE

H. REVOIL DEL.   H. SELLIER SC.

SCULPTURES

A. MOREL — Editeur.   Imp. Lemercier et Cᵉ Paris

LA VIERGE DE BEAUCAIRE
GARD.

H. REVOIL DEL.   KEPP & BOULAY SC.

A. MOREL, Editeur   Imp. Lemercier Paris.

VIERGE DE L'ABBAYE DE FONTFROIDE _____ AUDE.

TAILLOIR D'UN CHAPITEAU CONSERVÉ AU MUSÉE DE TOULOUSE.

H. REVOIL DEL.   A. GUILLAUMOT PÈRE & FILS SC.

SCULPTURE.

CHAPITEAU DU CLOITRE DE ST SERNIN

AU MUSEE DE TOULOUSE.

H. REYNOL DEL.

L. MORELL et C.ie Editeurs.

A. GUILLAUMOT SC.

Imp. Lemercier Paris.

III.e VOL.

III.

I.

AU 10e DE L'EXÉCUTION

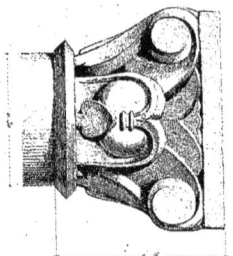

II.

AU 5e DE L'EXÉCUTION

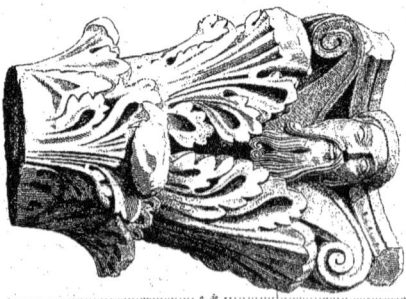

IV.

AU 5e DE L'EXÉCUTION

SCULPTURE.

I. — Support de table d'Autel trouvé à Arles
conservé au Musée d'Avignon.

II. — Chapiteau en pierre au musée d'Avignon.

III. — Chapiteau Pilastre vu de profil,
conservé au Musée de Toulouse.

VI. — Chapiteau en pierre conservé à Servanes.

D. REVOIL DEL.

A. MOREL et Cie Éditeurs.

GUILLABOT IMMP. et FILS SC.

Imp. Lemercier Paris.

I.

II.

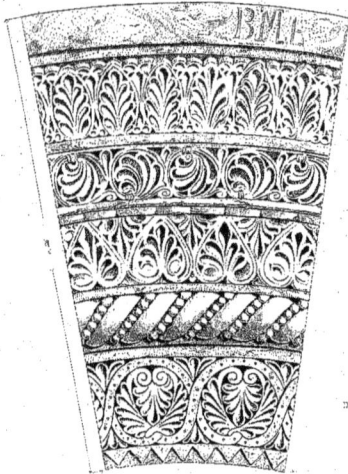

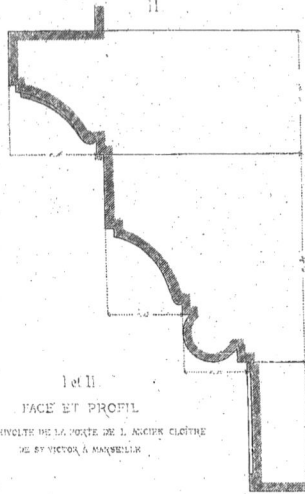

I et II

FACE ET PROFIL

DE L'ARCHIVOLTE DE LA PORTE DE L'ANCIEN CLOÎTRE
DE ST VICTOR A MARSEILLE

III.

III. CHAPITEAU ET BASE

DU CLOÎTRE DE ST SAUVEUR A AIX

IV et V. CHAPITEAUX.

DU CLOÎTRE DE ST ANDRE LE BAS A VIENNE

IV.

V.

N. REVOIL, d'après P. REVOIL. BOULAY SC.

SCULPTURE

A. MOREL, Éditeur. Imp. Lemercier, Paris.

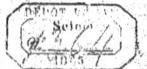

TAILLOIR DES PILIERS DU CLOITRE   VARIANTE DE DECORATION DE TAILLOIR

AU 1/4 D'EXECUTION   AU 1/4 D'EXECUTION

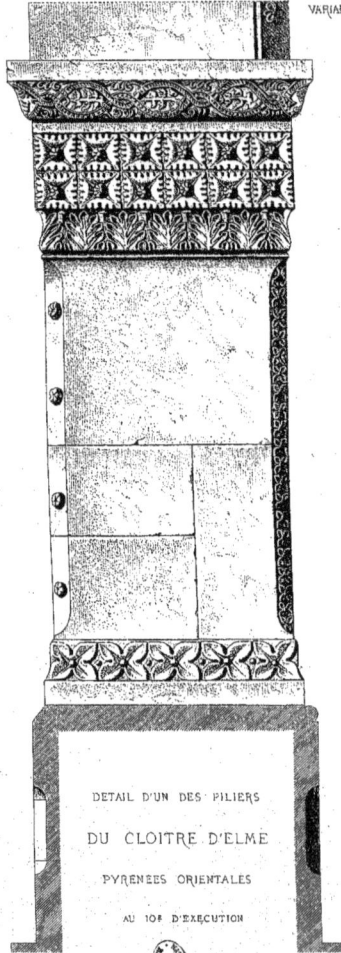
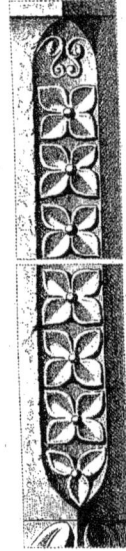

VARIANTE DE DECORATION   DETAIL D'UN DES PILIERS   DETAIL D'UN CHANFREIN

DE CHANFREIN   DU CLOITRE D'ELME   DU PILIER CI-DESSUS

AU 1/4 D'EXEC.   PYRENEES ORIENTALES   AU 1/4 D'EXEC.

                                AU 10ᵉ D'EXECUTION

H. REVOIL DEL.   SELLIER SC.

SCULPTURES

A. MOREL. Editeur.   Imp. Lemercier et Cⁱᵉ Paris.

CHAPITEAUX ACCOUPLÉS DU CLOITRE DE VAISON

AU 5ᵉ D'EXEC.

H. REVOIL DEL.

SELLIER SC.

SCULPTURES

A. MOREL, éditeur.

Imp. Lemercier et Cⁱᵉ Paris.

ELEVATION

PLAN

Échelle de 0,04 p. mètre.

COUPE SUR L'AXE.

H. REVOIL DEL.

A. CHAPUIS SC.

TOMBEAU A TOULOUSE

A. MOREL, Éditeur.

Imp. Lemercier et Cⁱᵉ., Paris.

PLAN DE LA CUVE CI-DESSUS (AU 20ᵉ)

PROFIL DE LA CUVE A   DETAIL DE LA CUVE A
AU 5ᵉ   AU 5ᵉ

A. Cuve baptismale   B. Cuve baptismale

de St Jean le Vieux   de l'Abbaye de Lacelle

(Pyrénées orientales)   près Brignolles (Var)

AU 10ᵉ   AU 10ᵉ

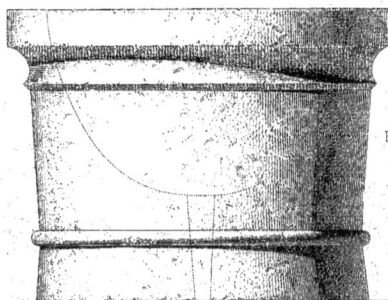

B

H. REVOIL. DEL.   J. SULPIS SC.

FONTS BAPTISMAUX

A. MOREL. Editeur   Imp. Lemercier et Cᵉ Paris.

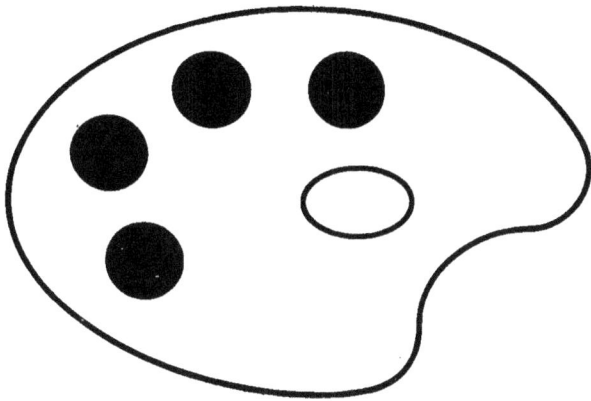

Original en couleur
NF Z 43-120-8

DÉTAIL AU 10.ᵐ D'EXÉCUTION DE LA FENÊTRE B DE LA SALLE CAPITULAIRE

À emplacement du
panneau à figures

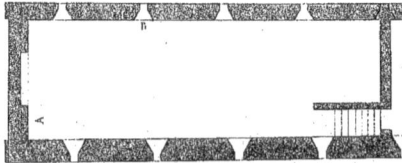

B

Plan de la Salle

Capitulaire.

A

DÉTAIL DES PEINTURES DE LA SALLE CAPITULAIRE DU CLOITRE S.ᵗ TROPHIME D'ARLES

Échelle du plan

H. REVOIL, DEL.   Massot lith.

PEINTURES MURALES

A. MOREL, Éditeur.   Imp. Lemercier & C.ᵉ Paris

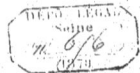

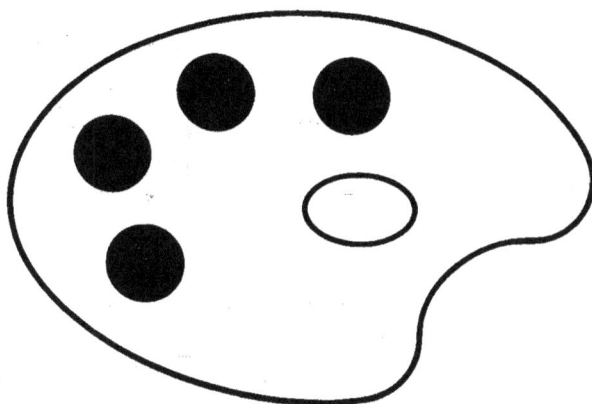

Original en couleur
NF Z 43-120-8

DÉCORATION DU PANNEAU (A) DANS LA SALLE CAPITULAIRE DE S.ᵗ TROPHIME D'ARLES (au 10.ᵐᵉ siècle)

H. REVOIL DEL.   RÉGAMEY LITH.

PEINTURES MURALES

A. MOREL, Éditeur.   Imp. Lemercier et Cⁱᵉ Paris

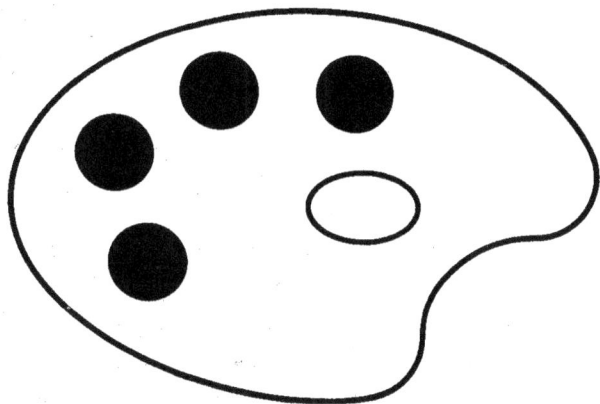

Original en couleur
NF Z 43-120-8

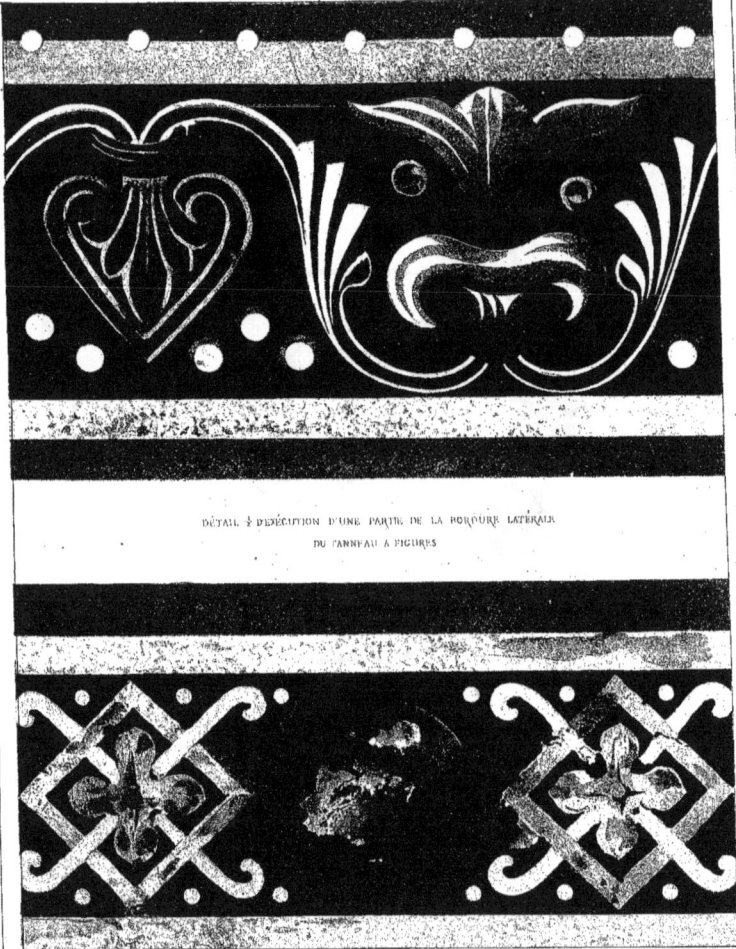

DÉTAIL ⅔ D'EXÉCUTION D'UNE PARTIE DE LA BORDURE LATÉRALE
DU PANNEAU A FIGURES

DÉTAIL AU ⅔ D'EXÉCUTION DE LA BORDURE AU BAS DES FIGURES
PEINTURES DE LA SALLE CAPITULAIRE DU CLOÎTRE DE Sᵗ TROPHIME D'ARLES
BOUCHES DU RHÔNE

H. RÉVOIL DEL.
REGAMEY LITH.

PEINTURES MURALES

A. MOREL, Éditeur.
Imp. Lemercier et Cⁱᵉ Paris.

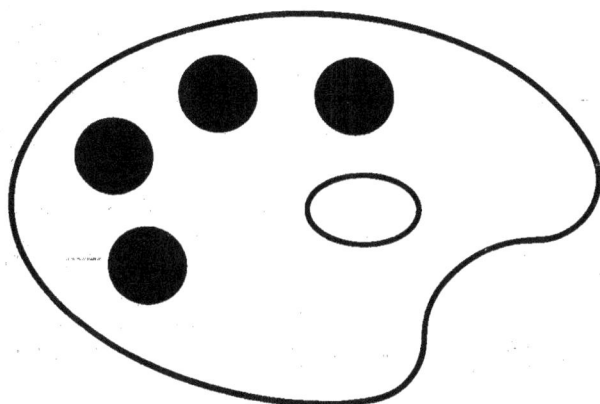

Original en couleur
NF Z 43-120-8

FRAGMENT DE BORDURE DE LA PARTIE SUPÉRIEURE DE L'ABSIDE
AU 10.ᵐᵉ

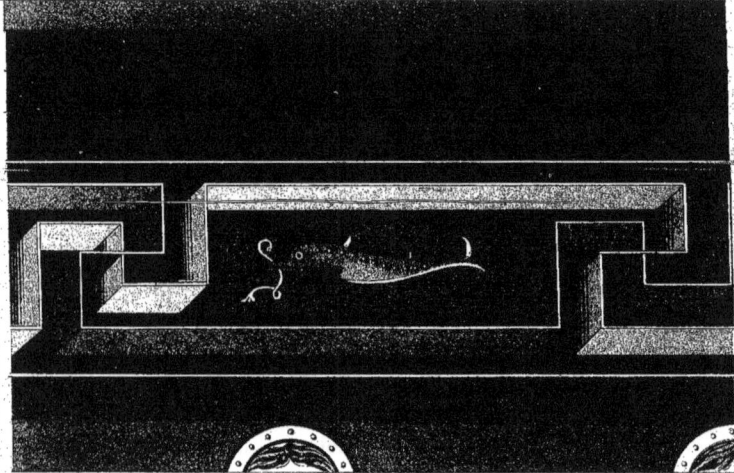

DÉTAIL DE LA BORDURE CI-DESSUS · AU ⅓ D'EXÉCUTION

PEINTURE DE L'ABSIDE DE LA CHAPELLE S.ᵗ VICTOR DE FONTVIEILLE PRÈS ARLES
BOUCHES-DU-RHÔNE

H. REVOIL DEL.   BAURA. LITH

PEINTURES MURALES

A. MOREL Éditeur   Imp. Lemercier et C.ᵉ Paris

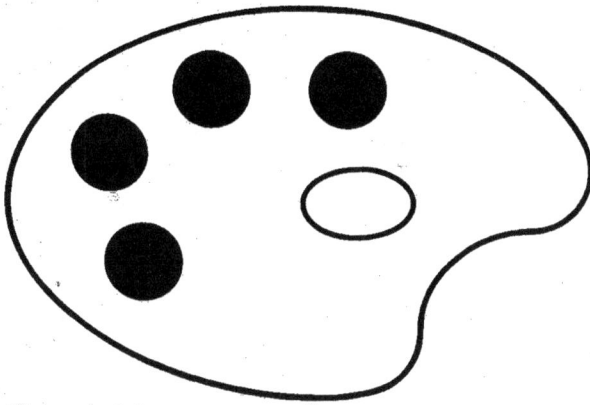

Original en couleur
NF Z 43-120-8

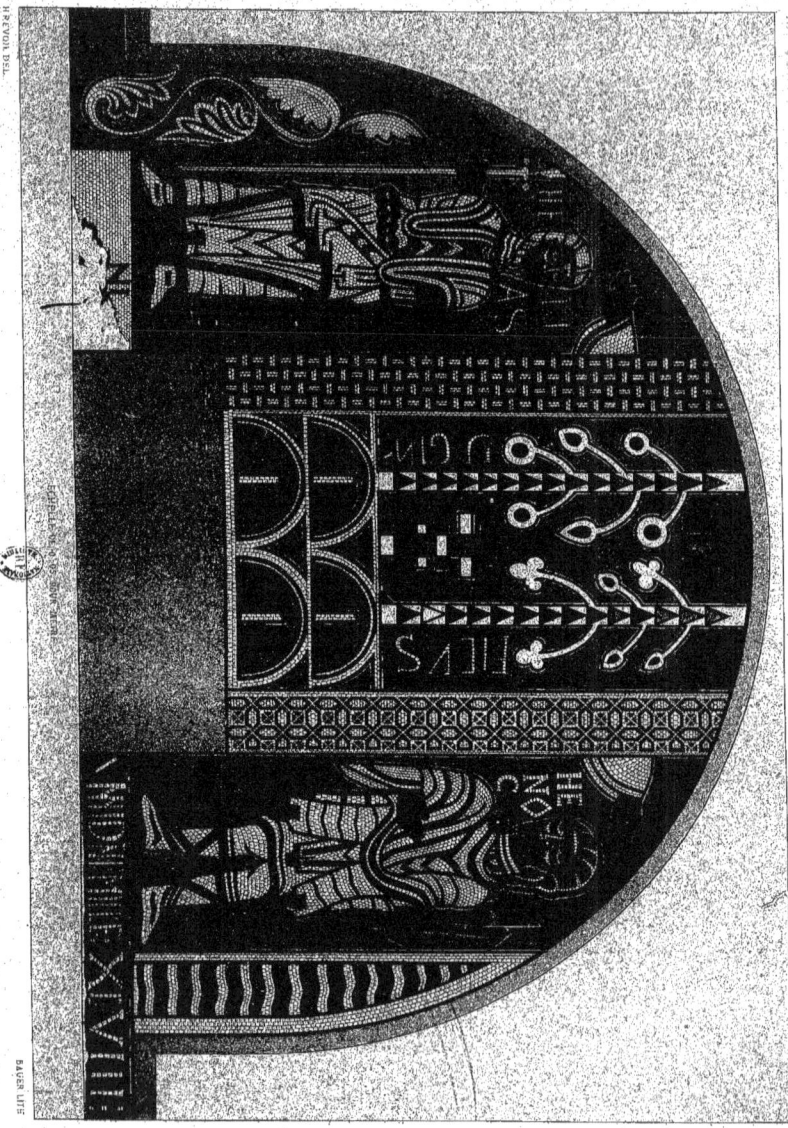

MOSAÏQUE DE L'ABSIDE DE L'ÉGLISE DE CRUAS

(Ardèche.)

H.REVOIL DEL.

A. MOREL Éditeur.

BAGER LITH.

Imp Lemercier & Ce Paris

www.ingramcontent.com/pod-product-compliance
Lightning Source LLC
Chambersburg PA
CBHW070634100426
42744CB00006B/678